Incontri
a Sichar

3

Per informazioni sulle opere pubblicate
è in programma rivolgersi a:

Edizioni Terra Santa
Via G. Gherardini 5 - 20145 Milano (Italy)
tel.: +39 02 34592679 fax: +39 02 31801980
http://www.edizioniterrasanta.it
e-mail: editrice@edizioniterrasanta.it

GIORGIO BERNARDELLI

Ponti non muri

Cantieri di incontro tra israeliani e palestinesi

edizioni
terra santa

Progetto grafico: Elisa Agazzi

Proprietà letteraria riservata
Edizioni Terra Santa s.r.l. - Milano

Finito di stampare nel settembre 2010
da Corpo 16 s.n.c. - Bari
per conto di Edizioni Terra Santa s.r.l.
ISBN 978-88-6240-102-9

Introduzione

Diciamo la verità: siamo tutti stanchi delle parole sulla pace in Medio Oriente. Sono anni che sentiamo ripetere slogan, sono anni che ci illudiamo di fronte a qualche barlume di speranza e sono anni che ci ritroviamo a fare i conti con le stesse disillusioni. Succede in Israele, in Palestina, ma anche ovunque ci sia qualcuno che porta nel cuore la Terra Santa. Può cambiare l'intensità di questo sentimento, ma siamo tutti stufi di «questa guerra che non finisce mai».

Capita anche a me di pensarlo. E credo che davvero sarebbe importante imparare a non sprecare parole impegnative. Eppure più passa il tempo e più mi chiedo se il problema non stia anche nel modo in cui i nostri occhi guardano a questo angolo del mondo. Ho l'impressione, infatti, che la Gerusalemme deludente di oggi sia la cartina di tornasole di alcune nostre idee molto evanescenti sul tema della pace: troppo spesso, infatti, immaginiamo la Città Santa riconciliata come un traguardo che in qualche modo si impone da solo, senza fatica; pensiamo al "lieto fine", dove "tutti vissero felici e contenti". Ma un pacifismo di questo genere non può reggere di fronte alle contraddizioni e alle lacerazioni che da secoli scandiscono ogni istante della Terra Santa. Così hanno buon gioco gli scettici. Che siano filo-israeliani o filo-palestinesi, in fondo, cambia poco; fanno tutti leva sulla solita litania di luoghi comuni: "loro non vogliono la pace", "gli abbiamo offerto tutto e non hanno accettato", "tutti sono contro di noi", "cercano solo di continuare l'occupazione", "capiscono solo il linguaggio delle armi"...

Ma è davvero questa *la realtà* e la pace è solo *un'illusione*? Dipende molto dal punto di vista da cui si osserva la Terra Santa. Perché alcune certezze vacillano se si comincia a guardare il conflitto con gli occhi di tanti gruppi israeliani e palestinesi che - anche nei momenti più difficili - provano a promuovere il dialogo tra i loro popoli. Qualche anno fa ho già raccolto alcune delle loro storie in un libro che ho intitolato *Oltre il muro*[1], indicando

---

[1] Giorgio Bernardelli, *Oltre il muro. Storie, incontri e dialoghi tra israeliani e palestinesi*, L'Ancora del Mediterraneo, Napoli, 2005.

questo atteggiamento come l'unica strada possibile per superare barriere che in Medio Oriente non sono solo fisiche. Si tratta di storie coraggiose, belle, esemplari: genitori come quelli del *Parents Circle*, che hanno perso un figlio in questo conflitto e provano a fare i conti con lo stesso dolore di chi vive "dall'altra parte"; rabbini come Arik Ascherman, che con la sua *kippah* va a fare resistenza passiva di fronte a un bulldozer che sta per abbattere ingiustamente un'abitazione palestinese; arabi come padre Emile Shoufani, che da educatore insegna anche a comprendere le ferite dell'altro. Di storie del genere, tra Israele e la Palestina, se ne trovano un'infinità, come sa bene chi frequenta la *Porta di Jaffa*, la rubrica settimanale in cui sul sito *www.terrasanta.net* commentiamo l'attualità del Medio Oriente. Forse, però, fermarci al racconto di queste singole esperienze oggi non basta più; occorre andare oltre, per far vedere ciò che le rende davvero un'idea di pace credibile. Per capire che non sono lo sfizio di qualche inguaribile sognatore, ma esperienze che delineano una strada concreta, realista e percorribile, a condizione che si sia tutti disposti a pagare personalmente qualche prezzo per arrivare alla pace. Sono storie che fanno uscire dall'ombra le risposte di una società civile straordinaria che - alla fine, in Israele come in Palestina - è l'unico vero motivo di speranza per il futuro.

Ecco, allora, il senso di questo nuovo libro, che di *Oltre il muro* è in qualche modo la continuazione. Vuole raccontare il dramma israelo-palestinese senza sconti, attraverso alcuni dei suoi temi-simbolo. Ma, nello stesso tempo, vuole far vedere come proprio dentro a queste tensioni siano nati semi importanti di riconciliazione. Perché la pace non è degli ingenui o degli illusi: appartiene solo a chi non ha paura di fare i conti con le ferite.

Sono storie che propongono un'idea forte della pace. E a rendere credibili oggi è proprio il segno apparentemente più lontano: i chilometri di cemento e reticolati che separano tra loro Israele e i Territori Palestinesi. Perché - esattamente come il pacifismo più superficiale - sono espressione di una visione ideologica (e dunque falsata) della realtà del Medio Oriente. Che lo si voglia chiamare *muro* - come dicono i palestinesi - o *barriera di separazione* - come dicono gli israeliani -, un dato resta infatti innegabile: il suo cantiere è rimasto incompiuto. Rispetto al tracciato inizialmente previsto, solo due terzi dell'opera sono stati completati. Due terzi certamente "pesanti": conosciamo tutti i racconti sulle difficoltà che tanti palestinesi incontrano per accedere ai propri campi, alle proprie scuole, ai propri ospedali. E, dall'altra parte, abbiamo sentito tante volte snocciolare i dati che testimoniano come gli attentati suicidi in Israele siano drasticamente diminuiti da quando è iniziata la costruzione del muro. Dove le tensioni erano più dure la barriera c'è e si fa sentire. Eppure, a ormai otto anni di distanza dall'inizio della costruzione di quest'opera pubblica «di prioritaria importanza per la sicurezza di Israele», un terzo della struttura progettata non esiste. E probabilmente non la vedremo mai. Perché?

C'è chi sostiene che per questo cantiere costosissimo siano finiti i soldi. Non è una risposta: i bilanci sono fatti di priorità. Perché ieri i soldi per questa voce a Gerusalemme c'erano e oggi non ci sono più? La verità è piuttosto un'altra: il cantiere del muro/barriera è bloccato dalle contraddizioni interne a quest'opera. Non si costruisce perché farlo comporterebbe scelte politiche dolorose. Perché se si traccia una linea per affermare il principio "noi israeliani di qua e voi palestinesi di là", poi *di là* non dovrebbero esserci più dei coloni israeliani che non solo non vogliono abbandonare i propri insediamenti ma premono per ampliarli. Completare il muro per Israele sarebbe una dichiarazione politica di rinuncia rispetto a ciò che sta dall'altra parte. E allora è molto meglio lasciare il cantiere fermo e continuare a far finta che quello non sia un confine.

Ma il problema è ancora più radicale: è davvero possibile, oggi, in Terra Santa, tracciare una linea e dire «noi israeliani di qua e voi palestinesi di là»? La risposta è no. E la dimostrazione sta proprio nelle mappe del muro/barriera di difesa. Se si guarda la sezione sud del tracciato (che è poi quella dove il muro è rimasto quasi completamente sulla carta) ci si accorge, ad esempio, che Hebron resterebbe dalla parte palestinese. E non potrebbe essere diversamente, visti i numeri della popolazione: 120 mila arabi contro 5 mila coloni israeliani. Ma può un ebreo - anche non estremista - accettare l'idea di perdere Hebron? Questa città è il luogo della tomba di Abramo; da qui gli ebrei non se ne andarono nemmeno durante la diaspora. Fino al trauma del 23 agosto 1929: la strage di 67 membri della comunità compiuta durante la Rivolta araba. Il giorno dopo furono gli inglesi a mandar via gli ebrei dalla città "per ragioni di sicurezza". Lasciando una ferita aperta. Tanto è vero che nel 1967, all'indomani della Guerra dei sei giorni, il primo imperativo del sionismo religioso fu tornare a Hebron. Con una storia come questa alle spalle, c'è da stupirsi se il muro/barriera qui non è stato costruito?

Hebron è la dimostrazione dell'inattuabilità della logica della separazione. Ma lo stesso discorso si potrebbe fare - a parti invertite - per Gerusalemme: può un palestinese di Ramallah o di Betlemme accettare di essere separato da *al Quds*, la "santa", come gli arabi chiamano la città della moschea di al-Aqsa? Alla fine - dietro allo stallo dei cantieri - c'è qualcosa di ben più profondo: la constatazione di come in Terra Santa sia impossibile separare del tutto israeliani e palestinesi. Era l'illusione cullata in Israele durante l'era Sharon, quella della pace "unilaterale": cari palestinesi, vi lasciamo un territorio (che decidiamo noi), ma non chiedeteci di fare i conti con i vostri problemi (anche se non siete stati solo voi a crearli). Si è visto a Gaza come è andata a finire. Ma anche con il muro/barriera i risultati sono molto meno univoci di quanto sembri: sì, sono fortemente diminuiti gli attentati suicidi sugli autobus. Però Israele oggi deve fare i conti con un altro incubo, quello dei razzi che - guarda caso - piovono dall'alto scavalcando i muri: da Gaza i *Qassam* seminano il terrore nelle città di Sderot e Ashkelon. Ma basterebbe una gittata non poi così più lunga per arrivare a colpire anche Tel Aviv. Per non parlare dell'incubo iraniano, la fonte numero uno oggi delle paure israeliane.

Alla fine il muro/barriera assomiglia a una torre di Babele all'incontrario: non sale più fino al cielo, si aggrappa alla terra. Eppure il risultato è lo stesso qualcosa di incompiuto. Perché uguale è l'illusione di costruire da soli la propria sicurezza.

La verità è che niente è semplice quando si tratta di stabilire che cosa è reale e che cosa è illusorio in Israele e in Palestina. Anche il muro apparentemente più solido può sembrare molto fragile. Però è altrettanto ingenuo pensare che sia sufficiente farlo cadere per costruire la pace. Quanto pacifismo a buon mercato, invece, si ferma proprio qui: si scaglia contro un simbolo, senza farsi carico davvero delle situazioni. Non serve a nulla rimuovere le lastre di cemento se si lasciano intatte le barriere nel cuore dei popoli. Non serve a nulla teorizzare piani di pace se prima non si va alla radice, spezzando il circolo dell'odio che genera la violenza.

E allora, se in questo momento storico estremamente difficile vogliamo davvero mettere al riparo dalla retorica il grande ideale della riconciliazione in Medio Oriente, dobbiamo tornare a riflettere più a fondo sulla grande frase pronunciata nel 2002 da Giovanni Paolo II: «Non di muri, ma di ponti ha bisogno la Terra Santa»[2], disse Wojtyla quando il grande cantiere in Cisgiordania era ancora all'inizio. Rispetto a queste parole ci siamo accapigliati tutti sulla prima parte: "non servono i muri". Ma il passo realmente impegnativo, quello da cui dipende la possibilità concreta della pace, viene dopo: occorre anche che qualcuno "costruisca dei ponti". E

---

[2] Giovanni Paolo II, Angelus, 16 novembre 2003.

che lo faccia con fatica, con pazienza, gettando piloni solidi e proprio in quei punti dove più occorrono per poter reggere il peso di questo conflitto secolare.

È per questo motivo che vi propongo di tornare insieme a me a incontrare gli israeliani e i palestinesi che provano a dialogare tra loro. Perché oggi è sempre più chiaro: è solo dal loro cantiere che può venire qualcosa di duraturo per il Medio Oriente. Qualcosa che vada al di là delle troppe parole sulla pace, e sia capace di reggere fatti concreti. Questo libro non vuole più parlare dei muri: sappiamo tutto ormai su di loro, concentriamoci sui ponti. Non perché i muri in Terra Santa siano scomparsi; ma perché solo costruendo un'alternativa li si abbatte davvero. E questa alternativa c'è: lo dicono le scelte coraggiose di riconciliazione che quotidianamente tante donne e tanti uomini compiono già oggi in Israele e in Palestina. Ma soprattutto lo dimostra l'ampiezza delle questioni che affrontano: non dialogano sui massimi sistemi, ma su questioni cruciali come il rapporto con questa terra, il modo di leggere la sua storia, l'educazione dei ragazzi, il proprio credo religioso. Ed è proprio provando a mettere insieme tutti questi pezzi che si può ridare alla pace un respiro. Cominciando a capire che la pace non dipende tanto dai coloni, dai terroristi, dai *check-point* o dalle *intifade*, ma dalla libertà con cui ciascuno decide di non guardare più solo a se stesso e prova invece ad ascoltare anche i problemi degli altri.

Entriamo, allora, nei cantieri dei costruttori di ponti. Sì, è vero, sono molto meno visibili rispetto a quelli del muro/barriera. E a volte si fa proprio una gran fatica a scovarli. Però - a differenza di quegli altri - non sono affatto fermi. Vorrà pur dire qualcosa.

La terra

Non esiste una parola che abbia la stessa forza del termine *terra* per definire l'essenza del conflitto israelo-palestinese. Per qualsiasi ebreo - non importa dove abiti e nemmeno quali siano le sue idee politiche - l'*Eretz Yizrael*, la Terra d'Israele, è qualcosa dal significato molto più profondo di un semplice Stato con una capitale e dei confini. L'*Eretz Yizrael* è la Terra della promessa, quella narrata dalla *Torah*. È un luogo fisico, ma insieme è anche una parte di sé. D'altra parte, però, anche per qualsiasi palestinese la terra è un elemento centrale della propria identità. E, anche in questo caso, non è tanto un riferimento geografico, ma qualcosa di fisico: è il campo che mio nonno coltivava e che adesso non abbiamo più. Il giorno simbolo dell'identità palestinese - da oltre trent'anni ormai - è lo *Yaum al-Ard*, la "Giornata della terra", che si celebra il 30 marzo. In realtà sarebbe la commemorazione di una battaglia tutta "interna" israeliana, perché ricorda le manifestazioni con cui nel 1976 gli arabi-israeliani difesero i loro diritti su alcune loro terre in Galilea. Eppure è diventata l'immagine di un'intera lotta, del diritto di un popolo a una terra.

Non è solo una questione di parole che scaldano i cuori. C'è molto di più. Uno degli aspetti che mi colpiscono maggiormente ogni volta che mi reco in Israele e in Palestina sono i cantieri in costruzione. Scopri sempre qualcosa di nuovo: trovi una strada che non c'era, a quella casa hanno aggiunto una veranda o addirittura un intero piano, quell'angolo di Gerusalemme è stato tirato a lucido dalla Municipalità con una nuova pavimentazione, a Tel Aviv stanno costruendo quel nuovo grattacielo. Questo angolo del mondo è il paradiso dell'edilizia. Persino là dove passa la tragedia - il negozio sventrato da un kamikaze che si è fatto saltare in aria, la città palestinese bombardata dall'aviazione israeliana - c'è la corsa a ricostruire a tempo di record. Non è solo la voglia di ricominciare, nonostante tutto; dietro c'è un'affermazione più forte: costruire è il modo più netto per dire che questa terra fisicamente mi appartiene.

Se le cose stanno così non stupisce che il conflitto israelo-palestinese abbia anche un fronte molto concreto legato in maniera diretta alla terra.

E non tanto per via delle mappe che di tanto in tanto compaiono e scomparono sui possibili confini da dare agli ipotetici due Stati, in quello che in termini diplomatici viene definito lo *status finale*. No. La guerra più cruenta oggi a Gerusalemme si combatte attraverso una disciplina apparentemente "neutra" e "pulita" come l'urbanistica. Da giovane cronista ho passato anni a provare a spiegare (con scarso successo, per la verità) perché il piano regolatore della mia città, con tutte le sue sigle e i suoi termini tecnici, in realtà fosse destinato a incidere sulla vita concreta delle persone e quindi andasse assolutamente tenuto d'occhio. Poi ho iniziato a interessarmi di Gerusalemme e con grande sorpresa mi sono trovato alle prese con qualcosa di molto simile. È attraverso i progetti urbanistici che - nei quarant'anni che vanno dal 1967 a oggi - si sono perpetrate le ingiustizie più gravi nella Città Santa. Potendo contare sull'"alleato" più ferreo e fidato: la scarsa propensione dei giornalisti di tutto il mondo a spiegare in termini comprensibili le scelte di politica urbanistica.

Si parla sempre genericamente di *insediamenti* e di *nuovi quartieri*. Ma nessuno ha mai scritto che dal 1967 a oggi non c'è mai stato un vero piano regolatore generale per Gerusalemme est: il primo lo ha presentato l'attuale sindaco Nir Barkat nel maggio 2009; e comunque è già contestato dalla destra israeliana e prima di arrivare a un'approvazione ci vorranno sicuramente anni[3]. Questo vuol dire che nella parte "riunificata" della Città Santa tutto è rimasto fermo? Ovviamente no, perché la Municipalità in tutti questi anni ha rilasciato i permessi per la costruzione di interi nuovi quartieri ebraici, in forza dei quali oggi sono circa 200 mila gli ebrei che vivono nella parte della città conquistata con la Guerra dei sei giorni. Viceversa sono state rilasciate con il contagocce le licenze nei quartieri arabi, per ostacolare il più possibile la crescita della popolazione araba. In alcuni casi si è arrivati addirittura a negare i permessi per la motivazione tecnica che le aree in questione erano prive degli azzonamenti; ma a chi spettava il compito di predisporli se non alla Municipalità di Gerusalemme?

In certi periodi le autorità israeliane hanno lasciato che gli arabi costruissero abusivamente, chiudendo un occhio; in altri, invece, hanno mandato i bulldozer a demolire quegli stessi edifici. In nessun caso la Municipalità di Gerusalemme si è posta seriamente il problema della fame di alloggi degli arabi di Gerusalemme est. Anche se pagano le tasse cittadine e co-

---

[3] Etgar Lefkovits, *Barkat presents first master plan for Jerusalem in 50 years*, Jerusalem Post on line, 5 maggio 2009.

stituiscono quasi un terzo della popolazione complessiva della «capitale unica e indivisibile di Israele». Sfido chiunque ad analizzare nel dettaglio questa politica abitativa adottata nella Città Santa negli ultimi quarant'anni e a negare che l'urbanistica sia stata utilizzata come un'arma per espellere il maggior numero possibile di arabi da Gerusalemme[4].

Proprio per questo motivo è importante andare a cercare le nostre storie di pace prima di tutto là dove c'è la terra. Del resto è impossibile costruire ponti solidi se non si parte dalle fondamenta. E di progetti del genere se ne intendono bene quelli dell'associazione *Bimkom-Planners for Human Rights*. Si tratta infatti di un gruppo di architetti israeliani che hanno scelto di porre la propria professionalità al servizio della pace. L'iniziativa è partita nel 1999 con un'idea ben precisa: quella di portare al centro della discussione un tema come l'urbanistica, che di solito invece - in Israele come ovunque - viene trattato nelle segrete stanze. Che cosa fanno, dunque, quelli di *Bimkom*? Hanno costituito un team di circa 100 volontari che seguono i più importanti progetti urbanistici con valenza politica. Offrono, dunque, assistenza legale alle comunità locali che si vedono minacciate dall'espansione di un insediamento, seguono tutte le cause legate alla progettazione e all'attuazione del muro di separazione, assistono nella tutela dei loro diritti le comunità beduine del deserto del Negev, che spesso si trovano a fare i conti con ordinanze di sgombero. Dal 2005, poi, il ministero dell'Interno israeliano ha riconosciuto a *Bimkom* un particolare status giuridico che permette a questa ong di presentare obiezioni riguardo ai piani urbanistici in discussione sia nelle commissioni edilizie locali, sia in quelle regionali e nazionali. Una facoltà preziosa anche perché *Bimkom* non lavora da sola, ma affianca spesso altre realtà impegnate nella difesa dei diritti dei palestinesi.

Ci sono però anche una serie di iniziative concrete che questa associazione di architetti porta avanti in proprio. Ad esempio a Gerusalemme est ha organizzato una serie di seminari per far conoscere alla popolazione araba la legislazione urbanistica israeliana, spiegando quindi gli strumenti a disposizione per difendere i propri diritti. Due di queste iniziative si sono svolte a Silwan e Tsur Baher - due quartieri particolarmente caldi dal punto di vista edilizio - e hanno visto in prima fila in questa presa di coscienza le donne. Un'altra iniziativa è stata una petizione all'Alta Corte di Giustizia

---

[4] Sul rapporto tra politica e urbanistica è interessante leggere questo libro: Eyal Weizman, *Architettura dell'occupazione. Spazio politico e controllo territoriale in Palestina e Israele*, Bruno Mondadori, 2009.

(la Corte suprema israeliana) riguardo al quartiere di Jabel Mukaber: non è giusto - sostiene *Bimkom* - demolire case ritenute "abusive" in una zona fatta di strutture antiquate e dove la Municipalità di Gerusalemme non rilascia nuove licenze.

Altrettanto significativa è l'attività portata avanti nel Negev. Per dare l'idea di quanto gravi siano anche qui i problemi basta citare un dato: 50 mila beduini - cioè un terzo di quelli che vivono in questa regione - abitano in 36 villaggi che per lo Stato di Israele ufficialmente non esistono. Dunque ogni costruzione è considerata illegale e queste popolazioni non hanno diritto ad allacciarsi alle rete elettrica o a quella idrica. *Bimkom* sta lottando affinché venga loro riconosciuto uno status legale. È già successo quando nel 2004 è stato istituito il nuovo consiglio regionale di Abu Basma, che comprende otto villaggi beduini: in quel caso i professionisti dell'associazione hanno offerto un contributo importante per l'elaborazione di un piano regolatore che tenesse conto della storia e delle esigenze specifiche dei beduini[5].

A stretto contatto con *Bimkom* lavora anche l'*Icahd,* vale a dire l'*Israeli Committee Against House Demolition*. Questa associazione nata nel 1997 si concentra in maniera particolare sulla questione delle demolizioni di case nei Territori Palestinesi. Noi conosciamo quelle decretate come misura di ritorsione contro le famiglie degli attentatori suicidi; ma sono solo una delle tipologie e non certo la più diffusa. Ci sono infatti anche le demolizioni delle case che sono "abusive" per via dei motivi che dicevamo sopra; e poi ci sono le case che vengono abbattute "per motivi di sicurezza", per lasciare cioè spazio a installazioni militari. L'*Icahd* effettua un monitoraggio costante sull'attività dei bulldozer e tiene le statistiche aggiornate: dal 1967 a oggi le case abbattute in seguito a un'ordinanza tra Gerusalemme est, la Cisgiordania e Gaza sono state oltre 24 mila[6]. E secondo questi dati solo il 5 per cento sono case di persone coinvolte in attività terroristiche. L'ong non si limita ovviamente ad osservare: promuove anche campagne non violente di resistenza passiva contro queste demolizioni. Iniziative purtroppo solo dimostrative, dal momento che la polizia fa sgombrare i manifestanti e i bulldozer possono comunque procedere. Ma l'*Icahd* promuove anche un altro gesto significativo: organizza dei campi estivi du-

---

[5] Ulteriori informazioni sull'attività di *Bimkom* si trovano sul sito internet dell'associazione www.eng.bimkom.org.

[6] I dati - riportati anno e per anno e suddivisi per tipologia di ordinanze – sono consultabili sul sito www.icahd.org.

rante i quali i suoi volontari aiutano comunque i palestinesi a ricostruire le proprie case. Ovviamente ancora abusive, perché le autorità israeliane non rilasciano i permessi.

Tra i fondatori dell'*Icahd* vi sono due figure molto significative. La più nota è Jeff Halper un antropologo ebreo nato nel Minnesota e immigrato in Israele dopo aver preso parte negli Stati Uniti ai movimenti contro la Guerra del Vietnam («ho conosciuto Bob Dylan quando era ancora Robert Zimmerman...», ama raccontare). Oggi è il volto più noto dell'*Icahd*: è stato già arrestato otto volte per resistenza passiva. «La mia giornata tipo di attivista - ha raccontato in un'intervista - comincia alla mattina alle 5 con la telefonata di un palestinese in cui mi dice che i bulldozer sono arrivati a casa sua. Noi volontari accorriamo e ci mettiamo lì davanti. E cominciamo subito a raccogliere fondi per ricostruire quella casa nello stesso posto»[7]. Nell'agosto 2008 Halper ha fatto scalpore anche per essere stato - da israeliano - uno dei pacifisti che su una nave salpata da Cipro hanno forzato il blocco imposto a Gaza.

Ma un'altra storia molto interessante tra gli attivisti dell'*Icahd* è anche quella di Meir Margalit, un ebreo originario dell'Argentina. Arrivò in Israele da sionista convinto: «Mio padre era un sopravvissuto all'Olocausto e avvertiva nella diaspora un rischio, sentiva di non essere ancora al sicuro - ha raccontato -. Per me, dunque, è sempre stato chiaro che sarei arrivato in Israele. Nell'ottobre del '73 scoppiò la guerra dello *Yom Kippur* e mi mandarono a combattere nel Sinai, dove verso la fine dei combattimenti mi ferirono. Era una ferita lieve ma sufficiente perché mi portassero in ospedale». E fu allora che scattò qualcosa: «In battaglia non hai tempo di renderti conto della distruzione che provoca, del suo effetto devastante - continua Margalit -, ma all'ospedale non avevo una famiglia che venisse a farmi visita, perciò avevo tutto il tempo per riflettere tra me e su quello che stava succedendo. Ho cominciato a pensare che ci fosse qualcosa di profondamente sbagliato. Ogni guerra, ogni ideologia ha il suo prezzo da pagare, ma quello che stavamo pagando per mantenere i Territori occupati era troppo alto: non poteva essere quella la strada da percorrere»[8].

Sul tema del rapporto tra pace ed edilizia almeno una citazione la merita anche un altro progetto, che vede in prima fila una ong italiana. Grazie all'associazione *Vento di terra onlus* oggi, infatti, trecento bambini beduini

---

[7] Eileen Fleming, *American Israeli Jeff Halper arrested for the 8th time in Jerusalem*, Online Journal, 8 aprile 2008.

[8] Anna da Sacco, *Basta occupazione, una strada per la pace*, www.bumerang.it, 20 giugno 2007.

Jahalin della comunità di Al Akhmar hanno una scuola. In questo caso non ci troviamo in Israele ma nei Territori, in una località del deserto di Giuda a est di Gerusalemme. Il progetto è stato promosso in collaborazione con il *Jerusalem Bedouins Cooperative Committee* di Anata ed è stato realizzato in una maniera straordinariamente innovativa: grazie al contributo del team di progettazione Ar.Cò - Cooperazione architettonica e del Laboratorio di costruzione del paesaggio e dell'architettura dell'Università degli Studi di Pavia - la *Bedouin School* è stata costruita con 2 mila pneumatici usati. Riempiti di terra e ricoperti di intonaco e di argilla sono diventati le mura della scuola, costruita con la mano d'opera offerta gratuitamente dalla comunità. Un intervento, dunque, costato pochissimo; grazie al quale il 10 settembre 2009 questi bambini hanno potuto iniziare la scuola[9].

C'è, però, un problema: anche la scuola dei Jahalin è "abusiva". Perché è vero che si trova nei Territori Palestinesi, ma in una zona classificata come area C, cioè secondo gli accordi di Oslo tuttora completamente sotto controllo israeliano. Per di più siamo nel contestatissimo territorio tra Gerusalemme e Ma'ale Adumim, il più popoloso degli insediamenti, che Israele vorrebbe ricomprendere nell'area metropolitana della capitale. Dunque non stupisce che non ci sia nessun piano urbanistico che preveda una scuola per la comunità di Al Akhmar. E nemmeno che - mentre l'edificio era ancora in costruzione - sia partita una denuncia contro l'iniziativa, firmata insieme dall'Autorità per i lavori pubblici e da *Regavim*, un'ong legata ai coloni. Sostengono che la scuola sorge "proprio dove è previsto l'ampliamento dell'attuale superstrada". Così l'11 settembre 2009, cioè il giorno dopo l'inizio delle lezioni, le parti sono state convocate per un'udienza all'Alta Corte di giustizia israeliana. Che - però - non ha dato la risposta su cui l'Autorità per i lavori pubblici e *Regavim* contavano: il giudice ha invitato le parti a trovare una soluzione alternativa che possa soddisfare le esigenze di tutti, dando appuntamento a una nuova udienza. Per ora, dunque, i bambini Jahalin possono studiare nella loro scuola. Con l'aiuto di altre ong israeliane che - al contrario di *Regavim* - si sono schierate in loro difesa.

La pace, dunque, passa attraverso un rapporto diverso con la terra da edificare. Ma non bisogna dimenticare nemmeno la terra che dà frutto attraverso il lavoro dell'uomo. Anche su questo aspetto ci sono pagine e

---

[9] Per conoscere i dettagli del progetto è possibile consultare il sito www.ventoditerra.org.

pagine della Scrittura che si potrebbero citare. La Promessa di «una terra dove scorrono latte e miele»[10] rimanda immediatamente alla dimensione agricola, fondamentale per capire questa regione del mondo. E poi la stessa storia di gran parte del Novecento in Terra Santa è fatta dai *fellah*, i contadini palestinesi, e dai *kibbutz*, le comunità di pionieri giunte dall'Europa per costruire attraverso il lavoro della terra il "nuovo ebreo", quello che finalmente non sarebbe stato più alla mercé del persecutore di turno ma artefice del proprio destino.

Oggi anche in Israele e Palestina l'agricoltura non è più l'unica fonte di reddito. Ma questo non significa che non ci sia anche un versante agricolo molto caldo in questo conflitto. In nome della *sicurezza*, infatti, in Cisgiordania i contadini palestinesi sono stati spesso privati dei diritti sui propri campi. È la storia raccontata molto bene nel film di Eran Riklis *Il giardino dei limoni*, in cui una vedova palestinese si trova ad avere per vicino di casa il ministro della Difesa israeliano. La sua scorta - per tutelarsi da eventuali attentati - requisisce il campo che la famiglia della donna coltivava da generazioni. La vicenda finisce davanti alle Corte Suprema israeliana, che alla fine adotta una sentenza tanto salomonica quanto beffarda: la donna ha il diritto di coltivare il suo campo, ma - per permettere la vigilanza sulla casa del ministro - i suoi alberi non dovranno superare un'altezza di poche decine di centimetri, fatto ovviamente incompatibile con la coltivazione dei limoni[11].

Il film di Riklis ha riscosso un discreto successo di critica e di pubblico. In pochi, però, hanno spiegato che il film si ispira a una storia vera che ha avuto per protagonista Shaul Mofaz, oggi esponente di *Kadima*, il partito fondato da Ariel Sharon. Il caso è scoppiato nel settembre 2004 a Kochav Ya'ir, una località dove l'allora ministro della Difesa aveva preso casa proprio sul confine con la Cisgiordania. La donna in questione non era ovviamente l'intensa (e giovane) Hiam Abbas, ma Zuheira Mursad, una vedova vera di 72 anni, abitante nel villaggio di Kafr Jammal, che si trova dalla parte palestinese della Linea Verde. A parte questa licenza poetica, però, tutto il resto è accaduto proprio come narra il film: il giardino prima è stato requisito, poi c'è stato un primo intervento cautelativo dell'autorità giudiziaria che ha dato ragione alla vedova. Ma alla fine l'Alta Corte di giustizia israeliana ha stabilito che la *sicurezza* era prioritaria e ha disposto

---

[10] Deuteronomio 26,9.
[11] Eran Riklis, *Il giardino dei limoni*, Germania-Francia-Israele, 2008.

comunque l'abbattimento degli alberi[12]. In tutto l'iter nessuno ha posto la domanda in apparenza più semplice: ma perché l'ex generale Mofaz deve andare a vivere proprio sulla Linea Verde? E infatti ancora oggi lui abita lì, e da Kochav Ya'ir sogna di scalzare Tzipi Livni dalla guida di *Kadima*, proponendosi così come il vero erede di Sharon. Con buona pace - ovviamente - del giardino di Zuheira Mursad.

Se *Il giardino dei limoni* è la storia simbolo, la quotidianità riguarda piuttosto gli alberi d'ulivo, che sono una fonte di reddito storica per i contadini palestinesi. Il moltiplicarsi degli insediamenti israeliani in Cisgiordania e la costruzione del muro di difesa hanno reso per molti di loro estremamente difficile l'accesso alle proprie piante. Succede una cosa molto semplice: tutto a un tratto gli ulivi che la tua famiglia possedeva da generazioni diventano inaccessibili o perché vengono a trovarsi dalla parte opposta del muro, o perché si trovano troppo vicini al confine dell'insediamento, in una zona in cui "per motivi di sicurezza" non è permesso ai palestinesi di avvicinarsi. Formalmente restano tuoi, ma di fatto sono un bene che non è più a tua disposizione. Fin qui stiamo parlando delle misure messe in atto dalle autorità israeliane. Poi, però, c'è anche un ulteriore capitolo (di cui si parla pochissimo): quello delle violenze messe in atto dai coloni. Ogni volta che si sentono "minacciati" (dai palestinesi o magari anche dal governo israeliano che sgombera qualche avamposto illegale) i "giovani delle colline" si recano di notte a sradicare degli alberi di ulivo. E ci sono anche bande che assaltano i lavoratori nella stagione della raccolta delle olive. Dal 2009 questi sistemi hanno addirittura un nome: alcuni gruppi particolarmente violenti di coloni l'hanno chiamata *Operation Price Tag*, "Operazione riscuoti il prezzo", e diffondono anche volantini per promuoverla. Un sistema evidentemente ingiusto e intimidatorio che ha l'obiettivo di scoraggiare tutti quanti intendano mettere il bastone tra le ruote alla crescita degli insediamenti.

Un esempio molto chiaro di come vadano le cose l'ha raccontato su *Haaretz* Gideon Levy: nel villaggio di Mureir ha documentato con tanto di fotografie i 350 alberi abbattuti in una sola notte. Un danno da circa

---

[12] La vicenda di Mofaz è raccontata nei seguenti articoli:

Arnon Regular, *How a Palestinian widow and her trees are a threat to Mofaz,* Haaretz on line, 22 settembre 2004.

Arnon Regular, *Court bars state from cutting down grove near Mofaz's house,* Haaretz on line, 23 settembre 2004.

Arnon Regular, *Court allows IDF to level Palestinian grove near Mofaz's home,* Haaretz on line, 16 febbraio 2005.

2.500 dollari. Avvenuto - guarda caso - nel villaggio più vicino ad Adei Ad, quattro case con un nome che in ebraico significa "per sempre"; in realtà, invece, sono uno di quegli insediamenti non autorizzati che per la legge israeliana neanche dovrebbero esistere[13].

È proprio dentro a questa battaglia degli ulivi che è nato anche un altro segno importante di pace legato alla terra. Si tratta della campagna che, ogni autunno, vede impegnati squadre di volontari israeliani o internazionali nella raccolta delle olive insieme agli agricoltori palestinesi. Un modo molto concreto per aiutare a garantire l'esercizio di un diritto. In prima fila in questa opera c'è l'associazione *Rabbis for Human Rights:* ho già dedicato un capitolo di *Oltre il muro* a questi rabbini che hanno scelto di mettere al centro della propria esperienza religiosa il comandamento della *Torah* «Tu avrai cura dello straniero che abita in mezzo a te»[14]. Un impegno fatto di tanti gesti[15], che nel 2005 ha ottenuto anche un riconoscimento internazionale molto importante come il Premio della fondazione giapponese *Niwano*, che è considerato una sorta di Premio Nobel delle religioni. Qui però mi interessa approfondire la campagna sulla raccolta delle olive portata avanti dai *Rabbis for Human Rights*. È stato infatti nel 2001 che l'associazione ha iniziato a occuparsi degli ulivi dei palestinesi: erano i primi tempi della seconda *intifada* e allora l'emergenza sembrava quella di aiutare le popolazioni locali a ripiantare gli alberi che venivano sradicati durante le operazioni militari. Con l'inizio della costruzione del muro è apparso però chiaro che c'era anche un altro problema: quello degli ulivi che diventavano inaccessibili per i proprietari. Così dal 2002 è iniziata l'attività dei volontari: nei posti dove ai palestinesi per ragioni di sicurezza è vietato l'accesso, si recano loro a raccogliere le olive, avvalendosi dei diritti garantiti dalla cittadinanza israeliana. Negli altri casi la loro presenza segue la logica degli "scudi umani": laddove c'è un testimone è più difficile che avvengano abusi indiscriminati.

L'attività non si è, però, fermata alla presenza fisica: *Rabbis for Human Rights* ha avviato anche una battaglia legale per la difesa dei diritti dei contadini palestinesi. Insieme all'Associazione israeliana per i diritti civili e ad alcune comunità locali palestinesi, nel 2004 ha presentato una petizione

---

[13] Gideon Levy, *The Grove That Was*, Haaretz on line, 18 ottobre 2009.

[14] Giorgio Bernardelli, *Oltre il muro*, L'Ancora del Mediterraneo, pp. 103-112.

[15] Anche loro, ad esempio, sono impegnati nella resistenza passiva contro la demolizione delle case palestinesi a Gerusalemme est. Ed erano presenti all'udienza all'Alta Corte di giustizia israeliana a sostegno della scuola dei bambini beduini.

all'Alta Corte di giustizia israeliana. Il verdetto è arrivato il 26 giugno 2006 e ha messo nero su bianco un principio che sembrerebbe ovvio, ma che in questo caso tanto scontato non era: l'esercito israeliano non può negare a un contadino palestinese l'accesso a un suo campo sostenendo che lo fa per prevenire possibili violenze da parte dei coloni nei suoi confronti. «Una politica di questo tipo - ha scritto nella sentenza l'attuale presidente della Corte, Dorit Beinish - è come ordinare a una persona di non entrare in casa sua per proteggerla dai ladri che sono dentro e potrebbero assalirla»[16]. Al di là delle affermazioni di principio, la sentenza del 2006 della Corte suprema israeliana ha soprattutto stabilito che l'esercito israeliano deve fare di più su quattro punti specifici: a) garantire ai palestinesi l'accesso a tutte le loro terre; b) proteggere i palestinesi quando vi si recano; c) prevenire i raid di chi taglia gli alberi nel cuore della notte; d) portare davanti alla giustizia coloro che compiono questo tipo di crimini. Questa sentenza non è stata affatto inutile: «È vero, sugli ultimi due punti ci sono stati pochi passi avanti - si legge in una nota recente dei *Rabbis for Human Rights* -. Però se nel 2002 contro i palestinesi e coloro che li proteggevano c'era chi sparava, lanciava pietre, insultava senza che le forze di sicurezza israeliane facessero nulla, oggi molti contadini palestinesi sono protetti dalla polizia israeliana e dall'esercito quando lavorano quelle terre a cui per molti anni non potevano neanche accedere». Oggi i volontari che partecipano al raccolto delle olive possono portare con sé delle direttive scritte dell'ufficio legale dell'esercito israeliano in cui si ricorda ai comandanti locali che devono garantire protezione ai contadini palestinesi. Non sempre questo pezzo di carta basta a risolvere i problemi, però è un importante passo avanti.

La presenza dei volontari sul campo resta comunque essenziale: durante l'ultimo raccolto i rabbini e i loro amici provenienti da Israele e da tutto il mondo hanno lavorato in 24 villaggi palestinesi per un totale di 130 giornate, piantando anche 3.500 nuovi ulivi. Ma al di là dei numeri e dei risultati a far la differenza è anche la prospettiva in cui si inquadra questa presenza. «È un impegno che non possiamo portare avanti senza di te - ha scritto ai volontari Arik Ascherman, il direttore di *Rabbis for Human Rights* in occasione della festività di *Sukkot*, all'inizio della campagna 2009 -. Perché l'esperienza di questi anni dice una cosa molto semplice: nei posti

[16] Brano citato in *B'Tselem Urges the Security Forces to Prepare for the Olive Harvest*, www.bt-selem.com, 29 ottobre 2006.

dove non riusciamo ad andare, la gente viene minacciata. Mentre celebriamo *Sukkot*, con tutte le sue parole sull'agricoltura e sul raccolto, non possiamo limitarci a ricordare il tempo in cui in questa stagione dell'anno il nostro popolo si radunava per il raccolto. Facciamolo anche noi! Mentre la *sukkah* (la capanna di rami che viene costruita in giardino per la festa di *Sukkot*, ndr) ci ricorda la fragilità della vita e il fatto che noi dipendiamo dall'Altissimo, aiutiamo attivamente quanti sono schiaffeggiati dai soldati, dai coloni e dall'occupazione, e la cui sopravvivenza economica spesso è in pericolo. Non si tratta di trasformarci in "cavalieri bianchi" che corrono a salvare i poveri palestinesi. Si tratta solo di diventare testimoni della Presenza di Colui che dà rifugio»[17]. Alla fine, forse, è proprio questo l'unico modo degno di abitare la Sua terra.

---

[17] Arik Ascherman, *We can't do it without you: On Sukkot and the Olive Harvest*, www.rhr.org.il.

La storia

Dire che la Terra Santa è un luogo carico di storia è un'assoluta banalità: se ci fermiamo qui non abbiamo capito ancora nulla dell'unicità di questo posto. Ragioniamo come se in Medio Oriente si potessero applicare gli stessi schemi che valgono ovunque. Invece il primo passo per entrare davvero dentro a questa terra è capire che proprio la concezione del tempo a Gerusalemme è del tutto particolare. Qui la storia non è qualcosa che tu puoi guardare con distacco: ciò che è avvenuto ieri, cinquant'anni fa o persino in un altro millennio, in Terra Santa fa parte del presente. Solo cominciando a ragionare così si può capire, ad esempio, un posto come Hebron, la città delle stragi più dolorose: quella patita dagli ebrei nel 1929 e quella patita dagli arabi nel 1994. Ma di casi simili se ne potrebbero citare anche tanti altri. Quando nel 2005 Sharon ha voluto lo sgombero degli insediamenti israeliani da Gaza, a Kfar Darom - uno di questi insediamenti - è comparso uno striscione che recitava "Non ci manderete via ancora". Pochi si sono chiesti che cosa volesse dire quell'*ancora*. In realtà conteneva un riferimento ben preciso: all'evacuazione di Kfar Darom decretata da David Ben-Gurion tra l'8 e il 9 luglio 1948. Perché già allora c'erano degli ebrei in questo angolo di Gaza e nei primi mesi di quella guerra erano anche riusciti a resistere agli assalti dell'esercito egiziano; poi, però, erano stati costretti dal loro governo ad andarsene. Lo sgombero del 1948 e quello del 2005 - due fatti accaduti a distanza di 57 anni - solo qui possono diventare la stessa storia. Ma è esattamente ciò che si prova anche ascoltando l'anziano palestinese raccontarti della casa o del campo dove è stato bambino e che *si trova* ad Haifa, a Jaffa o nel villaggio tal dei tali. Quella casa o quel campo sicuramente non ci sono più; lo stesso nome del villaggio è sparito dalle cartine, ormai da tanto tempo. E chi ti parla lo sa benissimo. Ma per lui sono comunque presente, non passato.

Ecco perché la storia è una parte importante di questo conflitto. Sì, è vero, c'è anche l'indottrinamento ideologico che - da entrambe le parti - gioca a tenere aperte le ferite. Ma il problema non è solo questo. Perché la storia è di più: è un volto essenziale di questa terra. Ed è per questo motivo che la sfida della pace deve per forza passare anche attraverso una lettura profonda della storia. Non è mettendo una pietra sopra il passato che possiamo pensare di costruire un Medio Oriente davvero riconciliato. Dunque - in questo capitolo - proveremo a metterci alla scuola di quattro esperienze che provano a guardare alla storia non come a un problema da risolvere, ma come a una risorsa preziosa a cui attingere nel cammino verso la pace. Quattro storie tra loro molto diverse, eppure accomunate da un filo rosso: quello di uno sguardo plurale sul passato.

Uno dei ritornelli ricorrenti nelle cronache sul Medio Oriente è la battaglia intorno ai libri di storia. Quando si vuole alzare il livello dello scontro, si vanno a cercare alcune pagine effettivamente molto discutibili dei testi scolastici e si dice: «Vedete come *loro* educano i ragazzi all'odio?». Uno sguardo un po' più attento rivelerebbe, però, che tra Israele e i Territori Palestinesi c'è anche un gruppo di insegnanti che - da alcuni anni ormai - sta percorrendo il cammino esattamente opposto. Si tratta dell'équipe del *Peace Research Institute in the Middle East (Prime)* che sta lavorando intorno a un'idea forte: accettare che in un conflitto esistono due sguardi diversi. Due prospettive che non possono non influire anche sull'insegnamento della storia. Perché ciascuno tende a insegnare la *propria* storia, la ricostruzione dei fatti che il proprio sentimento nazionale ha dato per consolidata. Una storia che, a volte, è molto diversa rispetto a quella raccontata dal proprio nemico.

Chi mente e chi dice la verità? Il più delle volte nessuno dei due: sono semplicemente due modi opposti di guardare agli stessi fatti. Perché - allora - non provare a raccontare ai ragazzi il conflitto israelo-palestinese con un metodo nuovo, che dia spazio a entrambe le narrative? È l'idea guida - appunto - di *La storia dell'altro*, questo progetto che il *Prime* sta portando avanti ormai dal 2001. Dodici insegnanti di scuole superiori (sei israeliani e sei palestinesi) si incontrano periodicamente per elaborare volumi di storia molto particolari: per ogni fatto propongono in due testi a fronte entrambe le versioni, quella della storiografia israeliana e quella della storiografia palestinese. Seguendo questo metodo sono stati completati tre libretti[18], che affrontano tutti i principali snodi del conflitto medio-orientale, dalla dichiarazione Balfour del 1917 fino all'anno 2000. Anima del pro-

---

[18] Il primo di questi volumi è stato pubblicato anche in italiano: Peace Research Institute in the Middle East, *La storia dell'altro*, Edizioni Una Città, Forlì, 2003.

getto sono stati due intellettuali: il palestinese Sami Adwan, pedagogista della *Betlehem University* e l'israeliano Dan Bar-On, docente di psicologia alla *Ben Gurion University.* Quest'ultimo, figlio di ebrei tedeschi scampati alla *Shoah,* prima di questo progetto aveva già lavorato su un terreno altrettanto segnato dalle ferite della storia: quello dell'incontro tra i figli delle vittime dell'Olocausto e i figli dei loro carnefici. Dan Bar-On è morto nel 2008, ma la sua idea non si è comunque fermata.

«I ragazzi - mi aveva spiegato qualche anno fa in un'intervista - sono molto più abituati di noi ad ascoltare memorie diverse rispetto allo stesso fatto. Gli accade già in famiglia, o in tante altre situazioni comuni. Il problema nasce nel trasferire tutto questo su un piano soggetto a pressioni sociali molto forti come la ricostruzione di un conflitto. Ma in realtà noi adulti facciamo molta più fatica di loro. Quando riusciremo a portare in tutte le scuole questa doppia narrativa della storia, israeliani e palestinesi si accorgeranno di avere in comune molto più di quanto pensano. Ci divide la politica, non la psicologia»[19].

Che cosa cambia davvero guardando alla storia con questo metodo della doppia narrativa? Il periodo più recente analizzato dai docenti del *Prime* sono gli anni che vanno dal 1990 al 2000, quelli cioè del processo di pace avviato a Oslo. Si tratta di un'analisi molto interessante: leggendo i due racconti paralleli, infatti, emergono bene i due sguardi diversi che hanno accompagnato quella fase. I palestinesi vedevano Oslo come un punto di partenza, la base per arrivare al proprio Stato indipendente ed essere liberi. Gli israeliani guardavano invece a Oslo come a un punto di arrivo, alla fine del conflitto che avrebbe portato stabilità. C'erano in gioco aspettative diverse, nascoste sotto una coltre di ambiguità. Il fallimento di Camp David - in fondo - lo si capisce molto meglio se si ragiona così.

Dopo un lavoro durato anni il libro di storia "alternativo" ormai è stato completato. Ma né il ministero dell'Istruzione israeliano né quello palestinese hanno accettato di adottarlo ufficialmente. Nelle quattordici scuole di Israele e dei Territori i cui insegnanti hanno aderito al progetto, comunque, lo si usa lo stesso: sono i professori a selezionare il materiale e a proporlo. In pratica ogni anno due o tremila ragazzi si ritrovano a fare i conti con la doppia narrativa. Le reazioni sono le più disparate: «C'è chi sottolinea la distanza tra le due versioni più che i punti in comune - racconta Sami Adwan -. Altri dicono: "la nostra versione sono fatti, la loro

---

[19] Giorgio Bernardelli, *Ebrei e arabi: due sguardi, una sola storia,* Avvenire, 21 settembre 2005 .

è solo propaganda". Alcuni dicono: "adesso capiamo perché il conflitto è così difficile da risolvere". Altri ancora chiedono di incontrare i ragazzi che dall'altra parte hanno studiato la loro versione. Dunque si va dal sospetto fino all'accettazione. Ma anche accettazione per noi non vuol dire destrutturare la versione della propria parte».

Poi c'è il capitolo insegnanti: «Per loro la fatica più grande è stata fare i conti con le proprie emozioni - spiega sempre il pedagogista palestinese -. Prendiamo, ad esempio, i fatti del 1948; per l'israeliano affrontarli significa parlare di un momento felice, del sogno che si realizza; per il palestinese, invece, stai parlando della catastrofe, del momento in cui il sogno e la speranza nel futuro si sono chiusi. È difficile per un insegnante separare il racconto dalle proprie emozioni. Inoltre, quando si presentano in classe, gli insegnanti devono affrontare le domande dei ragazzi. Alcuni li pressano. Chiedono: "Ma tu ci credi nella loro versione?". Nelle scuole palestinesi, c'è anche chi si alza e dice polemicamente: "Perché ci parlate di tutto questo? Fa parte della normalizzazione?". Dunque per i professori è una vera e propria sfida. Però constatiamo anche che tutto questo li rende più consapevoli del proprio ruolo. Invitano gli studenti a guardare con sguardo critico a tutte le "versioni ufficiali". Sono molto più forti, più fiduciosi. E già questo è un risultato importante».

Come tante esperienze di pace in Terra Santa l'idea del progetto sui libri di storia era nata negli anni del processo di Oslo. Poi - però - questi professori si sono ritrovati a doverla portare avanti mentre intorno a loro si combatteva la seconda *intifada*. «Certo, se si fosse arrivati a un accordo politico il lavoro sulla "storia dell'altro" avrebbe avuto maggiore efficacia sui ragazzi - commenta ancora Sami Adwan -. Ci rendiamo conto del fatto che - da quando il conflitto si è fatto di nuovo aperto - i ragazzi sono molto più influenzati dalla realtà che da quanto imparano a scuola. Però il progetto sta dando comunque tre benefici: intanto il nuovo protagonismo degli insegnanti. Poi il fatto di educare allo spirito critico: finché non diffonderemo davvero questo atteggiamento anche la didattica continuerà a perpetuare le dinamiche del conflitto. Infine il fatto che questi libri siano studiati da ricercatori e pedagogisti crea anche nuove dinamiche di confronto all'interno delle due società»[20].

Il nodo della storia non tocca, però, solo le vicende recenti. A volte, al

---

[20] Giorgio Bernardelli, *La storia siamo noi*, Terrasanta, novembre-dicembre 2008.

contrario, sono le questioni più antiche a infiammare maggiormente gli animi a Gerusalemme. È il caso - ad esempio - della "guerra degli archeologi", quella che si combatte intorno agli scavi condotti nella Città Santa. Guerra tutt'altro che trascurabile: è dal 1967 (cioè da quando Israele ha assunto il controllo della Città Vecchia con la Guerra dei sei giorni) che questo fronte è diventato incandescente. Nel 1996 - quando il primo governo guidato da Benjamyn Netanyahu decise di aprire il tunnel archeologico, che corre dal Muro Occidentale (il cosiddetto Muro del Pianto) in direzione nord, passando sotto le case degli arabi - ci furono dei morti. Un'altra rivolta araba è scoppiata nel 2007, quando la Municipalità ha dato il via libera ai lavori sulla rampa dei *Mughrabi* (una rampa a pochi metri dal Muro Occidentale attraverso cui i musulmani accedono alla spianata delle Moschee). Lavori di ristrutturazione, ma guardati con sospetto perché considerati un pretesto per nuovi scavi in una delle aree più incandescenti del mondo.

Oggi il motivo del contendere è soprattutto il quartiere arabo di Silwan, appena poche centinaia di metri più a sud rispetto al Muro del Pianto e alla moschea di al-Aqsa. Silwan che è poi l'antica Siloe, di cui parla la Bibbia. Ma è soprattutto la zona in cui - secondo un'équipe di archeologi guidata da Eilat Mazar, la figlia del più celebre archeologo israeliano - sorgevano i giardini della reggia del re Davide, cioè il nucleo più antico della Gerusalemme ebraica, dove intorno al 1000 avanti Cristo il grande condottiero trasferì la capitale da Hebron. Il problema è che - dopo essere stata Siloe - dal XVI secolo questa zona di Gerusalemme è diventata appunto Silwan. E da quattrocento anni, ormai, ci abitano degli arabi (oggi alcune migliaia). Prima di Davide - invece - era stata la gebusea Shalem, che gli ebrei espugnarono. Perché il punto è proprio questo: a seconda dello strato da cui la si guarda, la fisionomia di Gerusalemme cambia di parecchio.

La riscoperta della Città di Davide risale al 1867, quando l'esploratore britannico Charles Warren scoprì un antico canale che collegava la Città Vecchia alla sorgente di Ghion. Tra la fine del XIX secolo e l'inizio del XX il barone Edmond de Rotschild, intuendo il valore archeologico dell'area, iniziò ad acquistare terreni nella zona. Ma quando alla fine della guerra del 1948 questa parte di Gerusalemme rimase nelle mani dei giordani, quei terreni andarono persi. E Silwan ricominciò a crescere. Poi venne la Guerra dei sei giorni nel 1967, Gerusalemme passò interamente sotto il controllo israeliano e per gli archeologi ebrei si concretizzò il sogno di poter tornare a scavare nelle zone più cariche di storia della Città Santa. Ma a quel punto iniziò la guerra dei setacci. Perché in una città come Gerusa-lemme - dove antichi resti ebraici, bizantini e arabi si trovano spesso uno sopra l'altro - scegliere che cosa è più importante salvaguardare è un'operazione molto delicata.

A complicare ulteriormente la situazione c'è il fatto che l'archeologia è una disciplina costosa. E quindi - ovunque - capita sempre più spesso che le autorità pubbliche affidino gli scavi a fondazioni private. Il problema è che, in un contesto come quello israeliano, i più disposti a finanziare imprese di questo tipo sono i movimenti legati alla destra religiosa. Così è accaduto che la gestione del sito archeologico della Città di Davide sia stato affidato a *Elad*, un'associazione legata ai coloni. La stessa che - contemporaneamente - insedia famiglie ebree nel mezzo del quartiere arabo, perché Silwan deve tornare a essere Siloe[21].

Intanto è arrivata un'altra importante scoperta: un tunnel risalente all'età erodiana. È bastato sollevare le pietre che lastricavano una strada romana per portare alla luce un condotto largo circa un metro e alto tre che nell'antica Gerusalemme doveva servire per il drenaggio delle acque piovane. Secondo gli studiosi questo sarebbe il passaggio nascosto attra-verso cui, nel 70 d.C., gli ebrei fuggirono da Gerusalemme al tempo del-la rivolta contro i romani conclusasi con la distruzione del Tempio. Ma questa scoperta ha anche fatto salire alle stelle l'interesse per questa zona: adesso si sta scavando in maniera massiccia, con buona pace degli abitanti di Silwan, che a un certo punto si sono ritrovati persino con delle strane crepe in casa.

Al di là di questi incidenti, è l'intera vita di questo quartiere arabo a esserne rimasta sconvolta. Il parco giochi che si trovava accanto alla locale moschea, ad esempio, è stato pesantemente ridimensionato per lasciare spazio agli scavi. Che non hanno più solo una finalità di ricerca archeolo-gica: c'è un progetto più ampio in corso, che mira a ricreare nel sottosuolo la Gerusalemme erodiana. Nell'autunno 2009 l'*Israel Antiquities Authority* ha presentato un piano che prevede una nuova importante campagna di scavi nel piazzale davanti al Muro Occidentale. E se si congiungono insie-

---

[21] Non stupisce, dunque, dando un'occhiata al sito internet www.cityofdavid.org.il scoprire che nella ricostruzione della storia di quest'area si passa tranquillamente dal 70 dopo Cristo - l'anno della distruzione del Tempio - al XIX secolo: dell'esistenza di Silwan non si fa neppure cenno. Né stupisce trovare in bella vista tra i nomi dei benefattori all'ingresso dell'*Ir David Arche-ological Park* quello di Irving Moskowitz, il magnate americano delle sale Bingo che è oggi il più importante benefattore del movimento dei coloni israeliani.

me il tunnel archeologico già aperto, questa nuova iniziativa e gli scavi di Silwan emerge chiara l'intenzione di dare vita a un unico lungo percorso sotterraneo di grande impatto turistico. Con un difetto di fondo, però: tiene conto di un unico strato del sottosuolo di Gerusalemme, quello più direttamente legato alla storia ebraica, chiudendo gli occhi su tutto il resto. La finalità politica appare evidente: l'archeologia diventa un modo per affermare con forza che questa città è solo di Israele.

Va ricordato - peraltro - che la guerra degli archeologi ha conosciuto anche capitoli di segno opposto. E non solo per le dichiarazioni dei leader palestinesi che mettono in dubbio il legame tra il monte e il Tempio degli ebrei (Arafat stesso si sarebbe reso protagonista di questo tipo di negazionismo durante i negoziati di Camp David nel 2000). È successo anche di peggio: negli anni Novanta (cioè durante il processo di pace) sono stati infatti gli arabi a compiere scempi gravissimi nei lavori di realizzazione della nuova moschea sotterranea nelle Stalle di Salomone, sotto la Spianata delle moschee. Tonnellate di detriti del monte - che se esaminati con cura avrebbero portato alla luce reperti dell'età del Tempio - sono stati gettati in discarica senza troppi scrupoli, rendendoli così inutilizzabili. Un modo anche questo di fare politica attraverso gli scavi: nel cuore di *al Quds*[22], era il messaggio sottinteso, non c'è niente di importante che riguardi Israele.

È proprio su questo versante così particolare dello scontro, però, che un'associazione sta provando a gettare un ponte di pace. Si chiama *Alternative Archeology (Alt-Arch)*, ed è formata da un gruppo di archeologi israeliani, rimasti fortemente perplessi di fronte alla piega presa in questi ultimi anni dalla loro disciplina. Sono loro oggi i principali sostenitori della battaglia condotta dagli abitanti di Silwan in difesa del proprio quartiere. Quelli di *Alt-Arch* organizzano dei veri e propri tour, che hanno significativamente intitolato "Da Siloe a Silwan". Il ritrovo è al sabato mattina presso il *Givaty Parking*, il parcheggio di fronte all'entrata dell'*Ir David Archeological Park*, diventato esso stesso - denunciano - un luogo dove si scava senza alcun controllo vero. Approfittando del giorno di chiusura, questi archeologi nel parco si sostituiscono alle guide ufficiali, aiutando i visitatori a soffermarsi anche sulle tracce di altre epoche che nessuno invece fa mai vedere. Per poi concludere l'itinerario nella tenda di protesta contro gli scavi, allestita dagli abitanti di Silwan.

«Non neghiamo l'importanza archeologica della Città di Davide

---

[22] *Al Quds* è il nome con cui gli arabi chiamano Gerusalemme.

e del tunnel erodiano - spiega l'archeologo Yonhatan Mizrachi, uno dei promotori di *Alt-Arch* -. Ma l'archeologia non può essere un'arma politica attraverso cui rivendicare che una terra appartiene all'uno e non all'altro. *Elad* sta gestendo questo sito parlando solo del periodo ebraico. Invece qui abbiamo 20 o 30 strati diversi di storia, che coprono un arco di tempo che va dal 5000 avanti Cristo fino a oggi». «Quello che più mi colpisce - ci ha detto Raphi Greenberg, un altro di questi archeologi durante uno dei tour del sabato mattina - è lo scarso interesse che circonda tutto ciò che riguarda il primissimo periodo arabo a Gerusalemme. La storia dice che quello fu un periodo di convivenza tra musulmani, cristiani ed ebrei nella Città Santa. Personalmente lo ritengo il periodo che sarebbe più interessante da studiare per noi archeologi».

Fin qui abbiamo parlato di esperienze che insegnano a conoscere e a rispettare alcuni aspetti della "storia dell'altro". Ci sono però anche altre due esperienze molto significative che - da due prospettive opposte - si spingono ancora più in là. Provano infatti a custodire la memoria anche delle ferite dell'altro.

È la sfida proposta da Khaled Kasab Mahameed, un avvocato musulmano che a Nazareth ha fondato l'*Arab Institute for Holocaust Research and Education*, il primo museo della Shoah a essere stato promosso da un arabo. In realtà è solo un piccolo stanzino con ottanta riproduzioni di fotografie sulla *Shoah*, acquistate dallo *Yad Vashem*, il grande memoriale di Gerusalemme. Eppure grazie a questa iniziativa è stato - in qualche modo - rotto un tabù. E a portarlo avanti non poteva che essere un arabo israeliano, un personaggio di frontiera per definizione.

Khaled Kasab Mahameed non ha vissuto in prima persona il trauma del 1948: è nato infatti a Umm el Fahem, la città degli arabi israeliani, nel 1962. Suo padre, però, era un contadino di Ellajon, uno tra le centinaia di villaggi arabi letteralmente scomparsi dalla carta geografica a causa della guerra di indipendenza israeliana (che i palestinesi ricordano come la *Nakba*, la catastrofe). «Avevo sei anni - racconta Mahameed - quando ho sentito parlare dell'Olocausto per la prima volta. Sentii mio padre dire: "Noi palestinesi paghiamo il prezzo delle atrocità che i nazisti hanno commesso contro gli ebrei durante l'Olocausto". Da quel giorno la mia mente ha desiderato sapere: che cos'è stato l'Olocausto? Mi ci sono voluti quattro decenni per arrivare a far nascere "il primo museo dell'Olocausto nel mondo arabo", dopo aver studiato sociologia e scienze politiche alla

Hebrew University, business administration all'Università di Stoccolma e legge alla *East London University*. Oggi mi guadagno da vivere facendo l'avvocato, ma mi occupo soprattutto di ricerca sull'Olocausto e di educazione dei palestinesi. Lo faccio nel mio tempo libero, come "profezia" e a mie spese» [23].

È difficile capire fino in fondo quanto possa costare a un arabo un passo del genere. L'idea secondo cui la *Shoah* sarebbe la radice di tutte le sofferenze del popolo palestinese è profondamente radicata tra chi indossa una *keffiah*. Senza il senso di colpa dettato da quella tragedia - si pensa - Israele non sarebbe mai nato. C'è anche chi va oltre, cercando di negare o comunque di ridimensionare quella pagina della storia, quasi che minando quella premessa si potesse davvero cambiare il corso degli eventi. Ci si scandalizza giustamente per le tesi negazioniste del presidente iraniano Mahmoud Ahmadinejad. Ma quelle tesi non nascono dal nulla: persino un moderato come il presidente palestinese Abu Mazen, negli anni Ottanta, si laureava in storia a Mosca con una tesi intitolata "L'altro volto: i rapporti segreti tra il nazismo e il movimento sionista". Un elaborato in cui scriveva che nella Seconda Guerra mondiale morirono 890 mila ebrei e non 6 milioni come invece si è sempre sostenuto.

Mahameed ha avuto il coraggio di compiere il percorso contrario. Perché lui è convinto che proprio aiutare i palestinesi a capire davvero e senza sconti il dolore sofferto dagli ebrei nella *Shoah* sia la chiave per ottenere una pace giusta. E quando nell'ottobre 2004 ha aperto il suo museo a Nazareth ha avuto tutti contro. Ce l'avevamo con lui gli arabi, che lo hanno accusato senza mezzi termini di collaborazionismo. Ma lo ha attaccato anche un'istituzione ebraica importante come l'*Anti defamation league*, perché all'ingresso del suo museo lui ha messo anche le foto dei villaggi come Ellajon, quelli cancellati dalla guerra del 1948-49, anche lì con orrori per molto tempo negati dalla storiografia ufficiale.

«Essere accusato di collaborazionismo dalla tua famiglia, dagli amici e dalla stampa non è certo il sogno di un palestinese che vorrebbe vedere i rifugiati ritornare nei loro villaggi sgomberati - ha raccontato Khaled in un'intervista -. Ma che cos'è davvero lottare per la propria nazione? È fare cose fuori dal comune nella vita di tutti i giorni. Nel linguaggio militare il vertice della lotta è il sacrificio e il rischio di uccidere o di essere ucciso. Così un palestinese che prova a confrontarsi con la memoria più profonda

---

[23] *Khaled intro*, www.heartoftheother.com, 25 aprile 2009.

della sua controparte israeliana - perché questo è la storia dell'Olocausto - ha bisogno di risorse fisiche e mentali uguali a quelle di un militare, se non ancora di più. Questo tipo di sacrificio - ha spiegato ancora Mahameed - diventa nobile quando, attraverso la sua analisi di palestinese cresciuto fianco a fianco con gli altri rifugiati, giunge proprio dall'odioso genocidio patito dagli ebrei a conclusioni umane universali. È proprio questo a dare forza alla rivendicazione dei diritti dei palestinesi. Compreso quello al ritorno dei rifugiati alle loro case con l'approvazione degli ebrei israeliani[24]».

Va avanti, dunque, per la sua strada il "soldato" Khaled. Mettendo a nudo tante contraddizioni: è successo, ad esempio, quando nel 2006 proprio Ahmadinejad lo aveva invitato a prendere parte alla sua "Conferenza internazionale per rivedere la visione globale dell'Olocausto". In mezzo al *gotha* dei negazionisti, lui arabo avrebbe portato certamente un messaggio contrario. Quando però il presidente iraniano ha scoperto che Mahameed aveva un passaporto israeliano non se n'è fatto più nulla. Un dibattito accademico - evidentemente - per il leader iraniano non valeva un riconoscimento indiretto di Israele. Ma Khaled continua ad andare avanti: un regista ebreo, Harvey Stein, sta girando su di lui un documentario indipendente intitolato "Il cuore dell'altro". Con la sua videocamera sta seguendo l'amico arabo nelle sue trasferte con le immancabili gigantografie della *Shoah*: lo ha ripreso tra i ragazzi delle scuole, a Gerusalemme con un gruppo di ultra-ortodossi, in una manifestazione dei palestinesi contro il muro interrotta dai lacrimogeni lanciati dai soldati israeliani[25]. Ovunque con il suo messaggio: è la memoria di questa tragedia ciò che può aiutarci a trovare soluzioni giuste per tutti.

Recentemente Khaled si è reso protagonista di una nuova iniziativa: con le sue foto ha aperto un secondo museo arabo della *Shoah*. Questa volta non più in Israele, ma nei Territori Palestinesi e proprio lungo una delle frontiere più calde. Perché le foto di Auschwitz oggi sono esposte a Ni'ilin, un villaggio famoso per le proteste palestinesi contro il muro di separazione, che passa proprio di qui. Una prima inaugurazione si è tenuta il 27 gennaio 2009, l'anniversario dell'apertura dei cancelli di Auschwitz; un'altra il 21 aprile 2009, che per il calendario ebraico era *Yom HaShoa*, la Giornata della memoria israeliana. Anche sul museo di Ni'ilin non sono ovviamente mancate le polemiche: c'è chi ha parlato di un uso stru-

---

[24] *Chess interview to Khaled Mahameed*, www.anis-online.de, 24 febbraio 2007.
[25] Alcune sequenze del documentario di Harvey Stein si possono vedere sul sito www.heartoftheother.com.

mentale della *Shoah*. «Il Corano ci ordina di riconoscere l'Olocausto e di comprenderlo - ha risposto Mahameed -. Ma anche gli ebrei dovrebbero ricordare che molti di loro furono salvati durante l'Olocausto grazie ai loro fratelli che si trovavano in terra araba. La verità è che dobbiamo superare insieme le conseguenze di Hitler[26]».

In qualche modo speculare al lavoro di Khaled Mahameed è, infine, un altro progetto che ha il suo cuore sempre in Galilea. Di simile c'è soprattutto la capacità di confrontarsi con la tragedia dell'altro senza per questo arretrare di un millimetro rispetto alla propria identità. Solo così può capitare che un'istituzione educativa legata al movimento dei *kibbutz* decida di dedicare una sezione della sua biblioteca alla raccolta e alla catalogazione dei giornali arabi che venivano pubblicati in Terra Santa prima della nascita dello Stato d'Israele. È quanto succede nella *Peace Library* di Givat Haviva, uno dei punti di riferimento storici della sinistra israeliana. Un luogo sionista fino al midollo: venne fondato nel 1949 come centro nazionale per l'educazione dei giovani pionieri. E venne chiamato Givat Haviva (in ebraico "la collina di Haviva") proprio in memoria Haviva Reick, l'eroina dell'*Hashomer Hatzair*[27] che faceva parte del gruppo di ebrei che dalla Palestina si fecero paracadutare in Europa per collaborare alla resistenza contro i nazisti che stavano sterminando il loro popolo. Un tentativo eroico quanto inutile: nel giro di pochi giorni Haviva finì uccisa dai tedeschi in Slovacchia. Ma con quel gesto divenne l'icona del nuovo ebreo, quello che tornato in *Eretz Yisrael* non è più rassegnato alle persecuzioni.

Givat Haviva ha una lunga tradizione di iniziative sulla promozione dei diritti degli arabi israeliani[28], sulla carta cittadini come gli altri ma di fatto lasciati ai margini della società. Con l'iniziativa della digitalizzazione dei giornali palestinesi, però, si sta compiendo un ulteriore passo: non si riconosce più solo una generica uguaglianza davanti alla legge. Si arriva a dire che anche la vita degli arabi nella Palestina del Mandato britannico è un capitolo importante della storia che va preservato. Si tratta di una tesi che a Givat Haviva si riallaccia all'esperienza dei primi pionieri ebrei, che all'inizio del Novecento - imbevuti di un socialismo internazionalista - sognavano di costruire un percorso condiviso con gli arabi. «Com'è possi-

---

[26] *Ni'ilin holds Holocaust exhibit*, www.ynetnews.com, 27 gennaio 2009.
[27] Il movimento giovanile della sinistra sionista.
[28] Su questo specifico argomento e - più in generale - sulla storia di Givat Haviva è possibile consultare il sito internet www.givathaviva.org.il/english.

bile - scriveva tanto per fare un esempio Meir Dizengoff, il primo sindaco
di Tel Aviv - che gli ebrei, che chiedono l'emancipazione in Russia, una
volta giunti in Terra d'Israele si comportino da egoisti e neghino i diritti
degli altri lavoratori?». Oggi, però, ricordare che esiste anche una storia
araba di Israele è quasi un'eresia. Lo si vede come una minaccia all'"identità ebraica" dello Stato. Si contestano persino i numeri, per arrivare a di-
mostrare che - prima del ritorno degli ebrei - in Palestina non c'era nulla di
significativo.

Ecco allora l'importanza del progetto portato avanti a Givat Haviva. La biblioteca custodiva già da tempo le collezioni di quotidiani arabi
come *Al-Dipha* (1934-1967), *Falastin* (1936-1965), *Al-Mirsad* (1952-
1987), *Al-Ittihad* (1945-oggi). Ma il vero salto di qualità è stata la scelta di
procedere alla digitalizzazione, andando così a realizzare qualcosa di unico
e fondamentale per l'identità palestinese. Il progetto infatti ha due obiettivi
di fondo: quello di preservare un materiale per sua natura molto fragile,
ma anche quello di metterlo a disposizione di tutti *on line*. L'iniziativa è
patrocinata dall'Unesco e dall'Ifla, la federazione mondiale delle biblio-
teche. Ma a farla partire concretamente è stata una donazione di George
S. Blumenthal, un ebreo americano a capo di una grossa società informatica: così già oggi aprendo il sito *www.falastinnewspaper.info* è possibile
consultare le annate dal 1936 al 1947 di *Falastin,* uno storico quotidiano
palestinese. Altro contributo decisivo per arrivare a questo risultato è stata
l'esperienza del fotografo israeliano Ardon Barhama, che oltre alle tecniche ha messo a disposizione la sua esperienza in questo campo del tutto
particolare: è a lui che si deve, ad esempio, la digitalizzazione del *Codice
Vaticano,* la più antica Bibbia completa giunta fino a noi.

«Un progetto come la digitalizzazione dei quotidiani palestinesi - ha
scritto Dudu Amitai, uno dei promotori dell'iniziativa di Givat Haviva -
apre una finestra su quell'affascinante società e cultura che esisteva nella
Palestina del Mandato britannico e che in realtà esiste ancora oggi. Leggere questi giornali fa capire al lettore israeliano e a quello palestinese quanto
simile fosse la vita quotidiana delle due società. Queste infatti erano società che vivevano una accanto all'altra e - in qualche caso - persino una
dentro l'altra». Così - scorrendo *Falastin* - riemergono le storie: quanto co-
stava la verdura o il formaggio a Jaffa, i poster dei film egiziani o americani
che si andava a vedere nelle sale. E i protagonisti sono in gran parte coloro
che poi sarebbero diventati i *rifugiati palestinesi*. Grazie a questa iniziativa
- dunque - un mondo che fino ad ora esisteva solo nei termini del confron-

to polemico sul cosiddetto "diritto al ritorno", può uscire dall'anonimato. E questo è sempre il primo passo per poter affrontare insieme i problemi.

Questo non significa che a Givat Haviva si sia cambiata idea sul conflitto. E infatti nella presentazione dell'iniziativa non si manca di sottolineare come dalla lettura dei quotidiani palestinesi emerga anche «la cecità riguardo alla realtà che intorno stava cambiando, specialmente da parte degli arabi alla vigilia della Guerra di indipendenza israeliana». Ma - appunto - in un contesto del genere diventa uno degli elementi, da mettere sul tavolo accanto ad altri.

«Forse - è la conclusione di Dudu Amitai - si può riassumere tutto quanto è racchiuso in questa collezione in una regola musicale: lasciamo risuonare la polifonia in modo che non sia una voce sola a coprire tutte le altre. Prestare attenzione alla storia delle nostre relazioni e provare a imparare qualcosa anche dai dettagli più piccoli che formano una grande immagine, può permetterci di riportare la componente umana al centro della scena. Quando saremo diventati capaci davvero di guardare così al passato, allora avremo creato lo spazio anche per scrivere in una maniera diversa il nostro futuro[29]».

---

[29] Dudu Amitai, *Reading the past in order to write the future*, www.commongroundnews.org, 16 luglio 2009.

Le armi

«*Spezzeranno le loro spade e ne faranno aratri, delle loro lance faranno falci; una nazione non alzerà più la spada contro un'altra nazione, non impareranno più l'arte della guerra*» (Isaia 2,4).

Proprio in questa terra - santa e dilaniata - il profeta Isaia esprimeva questo sogno già 2.700 anni fa; nella celebre visione sul destino finale di Gerusalemme, i simboli della nuova era di pace universale sarebbero stati proprio quegli strumenti che fino al giorno prima erano serviti per combattersi a vicenda. La spada che diventa un aratro è un'immagine straordinaria. Ma è un'utopia che vale solo nell'orizzonte della "fine dei giorni"?

La cronaca del conflitto israelo-palestinese ci parla dolorosamente di armi sempre nuove. In questi ultimi anni abbiamo fatto la conoscenza dei razzi *Qassam*, questi tubi rudimentali quanto terribili che vengono sparati dai palestinesi contro le città israeliane più vicine a Gaza. Ma abbiamo imparato anche che cosa sono le *cluster-bomb*, le micidiali bombe a grappolo che - nascoste nel terreno - uccidono anche a distanza di tempo: l'aviazione israeliana durante la seconda guerra del Libano, nell'estate 2006, ne ha sganciate in gran quantità, come sanno bene i soldati dell'Unifil che stanno ancora bonificando i terreni. E poi - nell'ultima guerra di Gaza, nel gennaio 2009 - abbiamo sentito parlare delle bombe al fosforo, sparate nel formicaio umano della Striscia nonostante le convenzioni internazionali ne vietino espressamente l'uso in aree densamente popolate. In un confronto militare in cui non si rispetta più niente e nessuno, allora, si può ancora pensare che qualcuno a un certo punto decida di dire «basta!» e proprio partendo dal campo di battaglia si incammini su di una strada diversa?

Succede anche questo nel Medio Oriente di oggi. Sgombriamo, però, il campo da un equivoco: non ci interessa qui parlare dei politici (sia israeliani sia palestinesi) che dopo una carriera da generali o comandanti di milizie decidono di sedersi al tavolo dei negoziati. Il caso più noto è quello di Yitzhak Rabin, l'ex Capo di stato maggiore dell'esercito israeliano vittorioso nella Guerra dei sei giorni, che nei primi anni Novanta fu il protagonista della stagione degli accordi di Oslo. La sua è stata una parabola tutt'altro che isolata: la storia recente di Israele è piena di ex militari entrati in politica e non necessariamente a destra. Ci sono stati periodi in cui l'ufficio politico di *Avodà*, il partito laburista israeliano, si sarebbe potuto benissimo tenere in divisa. Ma anche da parte palestinese Yasser Arafat giocava molto sul suo passato di combattente come credenziale per la pace. E oggi la stessa cosa cerca di fare Marwan Barghouti, il leader più popolare della giovane generazione di *Fatah*. Tutto questo, però, ha a che fare con il realismo della politica; aspetto da non buttare via, certo, ma che è decisamente un'altra cosa rispetto al sogno del profeta Isaia. E la prova più chiara è proprio il fatto che le armi comunque continuano a essere usate per uccidere.

Però c'è anche un altro percorso, molto più radicale, sul quale vale la pena di soffermarsi. Un ponte gettato proprio da chi ha vissuto (o magari sta ancora vivendo) in prima linea questo conflitto: quello dei combattenti che accettano di dare voce alle domande che affiorano dalla loro coscienza. E provano a rivolgersi direttamente a chi sta dall'altra parte, anche lui con un fucile in mano. In questi casi la politica c'entra poco. E - bisogna essere onesti - anche le persone coinvolte sono davvero poche. Eppure è una testimonianza preziosa, perché mostra come anche nel cuore di questo conflitto sia ancora possibile tener vivi dei valori saldi, più forti delle ideologie sempre più radicate tra chi tiene un'arma in mano, da una parte come dall'altra della barricata.

Se vogliamo individuare un personaggio simbolo di questo atteggiamento, probabilmente non ne esiste uno migliore di Marek Edelman, l'eroe della rivolta del Ghetto di Varsavia. È difficile per un non israeliano capire fino in fondo che cosa evochi una figura del genere: Edelman è stato un simbolo dell'eroismo, l'icona di quei pochi ebrei europei che durante la persecuzione nazista non si sono rassegnati al loro destino. Pur provenendo dal *Bund*[30] e non avendo mai scelto di lasciare la Polonia per stabilirsi in Israele, è stato parte del mito che il sionismo ha costruito intorno alla rivolta del Ghetto di Varsavia. Insurrezione - vale la pena ricordarlo - finita con un esito disastroso dal punto di vista militare, eppure simbolicamente molto importante nella costruzione dell'identità di Israele.

Proprio Edelman, nell'agosto 2002, cioè nel momento più buio della seconda *intifada*, ha deciso di prendere un'iniziativa: ha scritto una lettera

---

[30] Il Bund era un quartiere socialista ebraico nella Russia Zarista, strenuo oppositore del sionismo. In Polonia rimase attivo fino al 1948.

aperta «a tutti i soldati delle milizie palestinesi». Un messaggio a partire
dalla propria esperienza umana della lotta contro i nazisti. «A Varsavia
combattevamo per la sopravvivenza - ha ricordato -, non per un territorio
o per un'identità nazionale. Combattevamo con la determinazione di chi
non ha più speranze, eppure non abbiamo mai rivolto le nostre armi contro popolazioni civili indifese, non abbiamo mai ucciso donne e bambini.
In un mondo a corto di principi e valori, nonostante un costante pericolo
di morte, siamo rimasti fedeli a questi valori e principi morali».

Ma c'è anche un'altra verità imparata nella rivolta del Ghetto che Edelman voleva trasmettere ai combattenti palestinesi. «In nessun posto una
guerriglia ha mai conseguito una vittoria decisiva - si legge ancora in quella
lettera -, ma ugualmente in nessun posto è stata sconfitta da un esercito
armato fino ai denti. Non succederà neanche stavolta. Da entrambe le
parti il sangue sarà solo spillato invano e tante vite saranno perse. Noi però
non siamo mai stati indifferenti nei confronti della vita. Non abbiamo mai
mandato i nostri soldati incontro a una morte certa. La vita è una per l'eter-
nità. Nessuno ha il diritto di buttarla via dissennatamente. È ormai ora che
tutti lo comprendiamo».

«Dovete volere la pace - concludeva la sua lettera Marek Edelman -
per salvare la vita di centinaia o forse migliaia di persone e per creare un
futuro migliore per le persone che amate, per i vostri figli. So dalla mia
esperienza che l'attuale piega degli eventi dipende da voi, capi militari.
L'influenza dei politici e dei civili è molto più piccola. So anche che alcuni
di voi hanno studiato all'università nella mia città, a Lodz, alcuni di voi mi
conoscono. Siete onesti e intelligenti a sufficienza per capire che senza la
pace non c'è nessun futuro per la Palestina e che la pace si può raggiungere
solo al prezzo di accordarsi su alcune concessioni da entrambe le parti»[31].

L'apparenza non deve ingannare: porsi nella prospettiva indicata da
Marek Edelman non è mai un passo facile. E infatti lui stesso dovette fare
i conti con tante critiche, provenienti da entrambe le parti. Ci fu chi lo ac-
cusò di tradire i suoi compagni della rivolta nel Ghetto, mettendoli sullo
stesso piano dei miliziani palestinesi. E comunque le parole coraggiose
dell'eroe, almeno apparentemente, non hanno cambiato di un millimetro il corso della seconda *intifada*. Ma su quanto possa essere doloroso
provare a gettare ponti su un versante difficile come quello delle armi ne

---

[31] Marek Edelman, *Letter to the Palestian military organizations*, 10 agosto 2002.

sa qualcosa anche Robi Damelin, uno dei volti più noti tra i genitori del *Parents Circle*. Robi è la mamma di David, cresciuto pacifista ma morto in divisa militare; ucciso da un cecchino che in un giorno di marzo del 2002, nei Territori, decise di aprire il fuoco su un gruppo di soldati a un *checkpoint*. Quando nell'ottobre 2004 Ta'er Hamad - il palestinese responsabile di quell'eccidio - è stato arrestato, questa madre ha cominciato a chiedersi che cosa fare. Finché ha scelto di incarnare anche in quel frangente terribile lo spirito del *Parents Circle*: si è messa alla scrivania e ha inviato una lettera alla famiglia del giovane che ha ucciso suo figlio.

«David - ha raccontato loro Robi Damelin - aveva 28 anni, era iscritto a un master in filosofia dell'educazione all'Università di Tel Aviv. Faceva parte del movimento pacifista e non voleva prestare servizio nei Territori Palestinesi. Aveva compassione per ogni essere umano e capiva la sofferenza dei palestinesi. Trattava con rispetto quelli che si trovavano attorno a lui. David – ha spiegato ancora la madre - aveva aderito a quel movimento di ufficiali che si rifiutano di prestare servizio nei Territori occupati e, tuttavia, per una serie di ragioni, quando veniva richiamato come riservista lo faceva lo stesso. Non posso descrivere il dolore che provo dal giorno della sua morte. Dopo che vostro figlio è stato arrestato ho trascorso diverse notti insonni chiedendomi che cosa fare: dovevo far finta di nulla o cercare di trovare una strada per chiudere il cerchio? Sono giunta alla decisione che voglio scegliere la strada della riconciliazione».

Quella lettera è rimasta per anni senza alcuna risposta. Fino a quando - in occasione dello *Yom Kippur* 2009 - Robi l'ha pubblicata sul magazine di *Haaretz*, accompagnata da un titolo forte: «Io l'ho perdonato». La storia ideale per una giornata come lo *Yom Kippur*, il giorno in cui nel mondo ebraico si chiede perdono per il male commesso. Ma il lieto fine stavolta non c'è stato; perché dal carcere questa volta è arrivata una risposta durissima.

«Non posso rivolgermi direttamente alla madre di un soldato - ha scritto gelido Ta'er Hamad, in una risposta affidata all'agenzia palestinese *Maan* -. E non perché sia difficile per me fare uscire un messaggio dalla prigione, ma perché la mia mano si rifiuta di scrivere in uno stile che addolcisce la politica dell'occupazione, che rifiuta di riconoscere e di accettare i diritti del nostro popolo. Non posso intrattenere un dialogo con qualcuno che insiste nel porre sullo stesso piano il criminale e la vittima, e nel porre sullo stesso piano l'occupazione e le sue vittime. È questa la mia risposta alla lettera della signora Robi. E quindi condanno il suo stile buonista, attraverso il quale pensa di poter risolvere con qualche parola piena di buoni sentimenti un conflitto che va avanti da decenni». Non ne vuole proprio sapere Ta'er: «La signora Robi - rincara la dose - non spiega che cosa abbia spinto suo figlio David ad arruolarsi nell'esercito. Non si accorge dell'evidenza, del fatto che suo figlio non solo ha preso parte alla tortura del mio popolo, ma stava addirittura in prima linea tra coloro che uccidevano. Leggendo la sua lettera sembra che viva su un altro pianeta».

Questa risposta è stata un colpo durissimo, non solo per Robi Damelin: «I miei amici palestinesi che avevano letto subito questo testo - racconta la donna - non osavano chiamarmi per dirmelo». Eppure lei ha trovato la forza per non lasciar spegnere la sua sete di riconciliazione. E allora ha scritto un'altra lettera, direttamente a chi ha ucciso suo figlio. «Ta'er - vi si legge -, tu hai scritto che David era nell'esercito per uccidere; ma questo giovane che ha speso la maggior parte del suo tempo a cercare di produrre un cambiamento attraverso l'educazione, diceva: "Se andrò ad adempiere i miei obblighi di riservista tratterò comunque tutti con rispetto e la stessa cosa pretenderò dai miei soldati". Io credo che queste non siano le parole di una persona violenta. Penso che siano le parole di una persona che sa che non dovremmo stare nei Territori occupati. Un palestinese che ho incontrato dopo la morte di David mi ha raccontato di aver parlato con lui il giorno prima della sua morte e di essere rimasto molto addolorato sentendo che era stato ucciso. Questo è il volto umano del conflitto. Tu - aggiunge ancora Robi Damelin - scrivi di aver ucciso dieci tra soldati e civili con l'obiettivo di porre fine al conflitto. È possibile che in questo ci sia un sentimento personale di vendetta, dal momento che da bambino tu hai visto uccidere con violenza tuo zio da un soldato israeliano e hai perso un altro zio nella seconda *intifada*? Pensi di aver cambiato qualcosa? Io penso che uccidere degli esseri umani, da entrambe le parti, contribuisca solo ad alimentare il circolo vizioso della violenza».

«Quando ho detto a mio figlio maggiore Eran che avevo ricevuto questo tipo di lettera dal cecchino - ha raccontato ancora Robi Damelin -, mi aspettavo che mi dicesse: "Per l'amor del cielo, adesso basta!". Invece mi ha detto una cosa molto bella: "Mamma - ha commentato -, anche questo è l'inizio di un dialogo"»[32].

---

[32] Kobi Ben Simhon, *Forgiveness of dead IDF soldier's mother leaves Palestinian killer cold*, Haaretz on line, 31 ottobre 2009.

Un percorso che per il momento non ha trovato risposte, dunque. Ma che non è affatto unico e nemmeno impossibile. A mostrarlo è la storia di *Combatants for peace*, forse la più particolare tra le ong che vedono insieme israeliani e palestinesi. Perché in questo caso il comune denominatore è proprio il fatto di aver preso in mano le armi per combattersi a vicenda. Tutto è iniziato nel 2005, quando un gruppo di dodici soldati israeliani tra quelli che si rifiutano di prestare servizio nei Territori si sono incontrati con quattro ex miliziani palestinesi, provenienti dalle fila di *Fatah*. Da quel faccia a faccia è nata l'idea di creare qualcosa che aiutasse le proprie società a uscire dal circolo vizioso della violenza attraverso il dialogo e la comprensione reciproca. Così - in coincidenza con la festa di *Pesach* del 2006 - è nata *Combatants for peace*: è un'associazione che promuove incontri tra questi ex combattenti, organizza iniziative di solidarietà; ma il gesto forse più forte è quello di andare a parlare di questa esperienza direttamente nelle case, a piccoli gruppi, in Israele come in Palestina.

«Si prova una sensazione molto strana - racconta l'israeliano Avner Wishnitzer, uno dei fondatori - a ritrovarsi a fianco un compagno che ti dice: "L'ultima volta che sono stato qui ero su un carro armato nel 2002", o un altro che ricorda: "Ho demolito una casa ad appena due chilometri da qui"; o un palestinese che racconta: "Ho lanciato una bomba a mano contro una jeep di militari". È un'esperienza molto intensa e molto vera, perché siamo stati davvero noi a compiere quei gesti. Noi siamo quelli che hanno partecipato a queste violenze e, in un certo modo, siamo anche le sue vittime»[33].

Ma che cosa porta un combattente a maturare questa consapevolezza? Che cosa scatta all'improvviso? Sono probabilmente le storie personali l'aspetto più interessante dell'esperienza di *Combatants for peace*. «Ero un giovane israeliano sionista, cresciuto in una famiglia normale, incoraggiato a diventare un soldato e un ufficiale - racconta Chen Alon -. Nel 1987-1988, quando ho cominciato ad affrontare i palestinesi (magari anche qualcuno dei presenti) che ci tiravano le pietre, mi dicevano che lo facevamo per difendere lo Stato di Israele, e anche io lo dicevo agli altri soldati... Nel 2001, l'ultima notte che ho prestato servizio nei Territori, ho demolito una casa non lontana da qui. Poi abbiamo imposto il coprifuoco al villaggio di Husan, e in quel posto che di fatto era diventato come un carcere ho visto delle bambine che potevano avere l'età di mia figlia. Pro-

---

[33] Alex Sorin, *Group merging IDF soldiers, Palestinian fighters wins Dialogue Between Cultures Award*, Jerusalem Post on line, 2 agosto 2009.

prio in quel momento stavo parlando al telefono con mia moglie, preoc-
cupata perché nessuno poteva andare a prendere Tamar all'asilo. È stato il
pensiero di mia figlia e della routine di questi gesti quotidiani a scuotermi
- continua il soldato israeliano -. Ho capito che eravamo caduti nella para-
noia di chi pensa che tutti siano lì per minacciarci. A 32 anni ho capito che
quelle bambine erano come mia figlia. E ho deciso che non avrei più preso
parte a questa situazione, qualsiasi prezzo ciò comportasse»[34].

«Vengo dal villaggio di Khizme, a nord-est di Gerusalemme - è la testimonianza del palestinese Suliman al-Khatib -. Sono cresciuto in una famiglia che era stata colpita duramente dall'occupazione e l'ho combattu-
ta, nella convinzione che l'unica soluzione possibile fosse quella militare.
Sono entrato nel movimento di *Fatah* a 12 anni, e ho preso parte a varie
operazioni come lanciare le pietre, scrivere slogan, preparare le molotov.
Eravamo nel 1986, ancora prima dell'*intifada*. Proprio come diceva Chen
è possibile che seduto qui ci sia qualcuno che veniva colpito da queste mie
azioni. A 14 anni, insieme a un amico, ho assaltato dei soldati israeliani.
Sono stato arrestato e condannato a quindici anni di detenzione. Quando
mi hanno trasferito nel carcere di Janad - continua Suliman - ho iniziato
a lavorare nella biblioteca. E questo mi ha dato l'opportunità di leggere
molto, compresi testi che parlavano della storia del popolo ebraico. Così
- poco a poco - ho cominciato a costruirmi una mia visione del mondo. E
ho iniziato anche a cambiare idea sul conflitto e sui modi per risolverlo».

Uscire dal circolo vizioso della violenza si può, a una condizione: lasciar spazio alla voce della propria coscienza, anche dentro l'esperienza
stessa della guerra. Un'ulteriore dimostrazione l'hanno offerta i soldati di
Breaking the silence, un'altra realtà nata tra commilitoni dell'esercito israeliano. Come si ricorderà uno dei grossi problemi dell'Operazione Piombo
fuso - la campagna militare condotta dall'esercito israeliano a Gaza tra il
dicembre 2008 e il gennaio 2009 - è stato il fatto che ai giornalisti è stato
vietato di entrare nelle zone in cui imperversava il conflitto. Quindi non
c'era nessuno sguardo "esterno" che potesse raccontare quanto davvero
stava succedendo e soprattutto i prezzi pagati dalla popolazione civile
palestinese in questa operazione militare. Solo qualche mese dopo la fine
delle ostilità sarebbe arrivato il Rapporto Goldstone, steso sotto l'egida
dell'Onu, che contiene accuse gravi di violazioni dei diritti umani nei

---

[34] Questa e la successiva testimonianza sono riportate sul sito dell'associazione www.com-
batantsforpeace.org.

confronti di Israele[35]. Un documento rispedito al mittente dal governo di Gerusalemme, che lo ha bollato come "di parte". E come tale è stato molto in fretta metabolizzato dall'opinione pubblica israeliana, che considera sostanzialmente l'Onu un'entità ostile.

A riportare - però - al centro del dibattito la questione delle violazioni dei diritti umani nella guerra di Gaza è stato un altro rapporto, elaborato questa volta da una fonte interna come *Breaking the silence*. Nata nel 2004 - cioè durante la seconda *intifada* - è un'associazione di ex soldati che raccoglie le denunce di commilitoni in servizio nei Territori Palestinesi che denunciano abusi commessi su ordine dei superiori nei confronti di palestinesi. La logica di questa iniziativa è fare leva sull'etica militare, che è sempre stato un punto d'orgoglio per l'opinione pubblica israeliana: *Breaking the silence* vuole mostrare che esiste un limite tra la difesa della sicurezza del Paese e la violazione dei diritti umani del nemico. Proprio il fatto di rimanere ciechi di fronte ai casi in cui questo limite viene superato - sostengono - è uno dei motivi che alimentano il conflitto in Medio Oriente. Per dimostrarlo concretamente una delle iniziative promosse dall'associazione sono i tour guidati a Hebron, il luogo dove effettivamente le contraddizioni sono più visibili, con l'esercito schierato a difesa di 5mila coloni israeliani che - con le loro provocazioni - spesso e volentieri paralizzano la vita di una città dove vivono 120mila palestinesi.

Ma il cuore dell'attività di *Breaking the silence* sono i rapporti in cui alcuni militari denunciano abusi commessi dai propri battaglioni. Spesso si tratta di voci anonime, perché a parlare sono soldati tuttora in servizio; eppure i dettagli forniti con grande precisione li rendono difficilmente etichettabili come mere fantasie. Così nel luglio 2009 *Breaking the silence* ha diffuso il suo rapporto sull'Operazione Piombo fuso. Contiene 54 testimonianze di militari che hanno partecipato alla campagna militare e che raccontano di case abbattute inutilmente, di bombe al fosforo lanciate in aree densamente popolate, di un incoraggiamento a sparare a chiunque finisse sotto tiro[36]. Citiamo un solo dettaglio: nei giorni successivi alla fine della guerra i giornalisti avevano raccolto i racconti di alcuni abitanti di Gaza che dicevano di essere stati bendati e - con la canna del fucile puntata alla nuca - costretti a precedere i soldati israeliani mentre si addentravano in alcune zone della Striscia per snidare i cecchini. Proprio questa pratica è

---

[35] Vale la pena di ricordare - peraltro - che il Rapporto Goldstone definisce come violazioni dei diritti umani anche il lancio di razzi palestinesi sulle città israeliane vicine a Gaza.

[36] Il testo integrale del rapporto è consultabile sul sito www.breakingthesilence.org.il.

stata confermata da uno dei militari intervistati da *Breaking the silence*. «Si prende un vicino palestinese, è la procedura - ha raccontato -. E il soldato appoggia la canna del fucile sulla spalla del civile». A rendere questa denuncia particolarmente grave è il fatto che in questo modo vengono violate non solo le convenzioni internazionali sul diritto di guerra, che impongono il dovere di proteggere i non combattenti. C'è infatti anche una sentenza della Corte suprema israeliana che nel 2005 ha definito esplicitamente questa pratica degli "scudi umani" come illegittima. Dunque a Gaza l'esercito con la Stella di Davide ha violato anche le leggi del proprio Paese. E a dirlo non sono i palestinesi, ma alcuni militari israeliani che hanno partecipato all'Operazione Piombo fuso.

Come era facile prevedere la pubblicazione del rapporto di *Breaking the silence* ha sollevato un vespaio di polemiche in Israele. L'esercito si è difeso sostenendo che essendo denunce anonime non potevano essere prese in considerazione. Ma c'è anche chi si è spinto più in là, andando a vedere chi finanzia l'associazione: ne è nata così una campagna contro «i Paesi europei che sostengono ong anti-israeliane». In difesa di *Breaking the silence* si è invece schierato lo scrittore Avraham Yehoshua, con un articolo apparso su *Yediot Ahronot*. Voce non sospetta la sua, dal momento che nello stesso articolo rivendica i meriti dell'Operazione Piombo fuso. «Le testimonianze offerte dai soldati a *Breaking the silence* - scrive - devono essere ascoltate attentamente e devono essere esaminate singolarmente per trarne un insegnamento rispetto al futuro. E anche se alcune delle denunce dovessero rivelarsi esagerate, dobbiamo essere orgogliosi della motivazione che ha portato questi soldati a sollevarle (...). Dobbiamo tenere a mente una verità fondamentale: i metodi che utilizziamo nella guerra con il nemico non restano fuori dai confini di Israele, ma si radicano dentro il nostro Paese. Le norme etiche che distorciamo quando ci rapportiamo alla popolazione palestinese che è sotto il nostro controllo, disturbano le norme e le regole di Israele stesso»[37].

Non è però facile "rompere il silenzio" nel Medio Oriente di oggi. Richiede una libertà che è difficile coltivare e che non puoi mai dare per acquisita una volta per tutte. Proprio una storia legata a *Combatants for peace* sta lì a rivelarlo. Perché nonostante gli articoli dei giornali, nonostante prestigiosi riconoscimenti internazionali come il Premio Anne Lindh per il dialogo tra

---

[37] Avraham Yehoshua, *Lend an Ear to Breaking the Silence*, Yediot Ahronot, 21 luglio 2009.

le culture[38] assegnato a questa realtà nel 2009, è la quotidianità del conflitto a presentare impietosamente il conto di certe scelte. Attraverso il dramma personale vissuto da Bassan Aramin, uno dei quattro ex miliziani di *Fatah* che insieme agli ex soldati israeliani hanno dato vita a questa esperienza. La scelta di un percorso diverso rispetto a quello delle armi non gli ha risparmiato le lacrime per la morte di una figlia, la piccola Abir di dieci anni, rimasta uccisa nel villaggio di Anata, a due passi dalla sua scuola. Si è accasciata ferita alla testa mentre, poco lontano, erano in corso degli scontri tra i soldati israeliani e alcuni ragazzi che lanciavano pietre. Gli avvocati dell'esercito con la Stella di Davide non riconoscono la responsabilità per questa morte. Sono arrivati a sostenere in tribunale che Abir sia morta dilaniata da un ordigno che aveva in mano; una tesi incompatibile con i dati dell'autopsia. Eppure accanto al suo corpo la sorella ha trovato una pallottola di gomma, di quelle che i soldati israeliani sparano per disperdere le manifestazioni. A tre anni di distanza da quella morte la battaglia per la verità sulla morte della bambina va avanti nelle aule di giustizia: un ricorso contro l'archiviazione dell'inchiesta pende davanti alla Corte Suprema. Ma *Combatants for peace* sta promuovendo anche un altro gesto: un progetto per costruire ad Anata un parco giochi per bambini che ricordi Abir Aramin; un luogo che sia realmente «un posto sicuro dove crescere».

«Sarebbe facile, davvero molto facile, odiare - ha scritto recentemente in un articolo Bassam Aramin, commentando questa vicenda -. Cercare la vendetta, prendere il mio fucile, e uccidere tre o quattro soldati nel nome di mia figlia. È il modo in cui per molto tempo sono andate avanti le cose tra israeliani e palestinesi. Ogni figlio morto - e ciascuno è figlio di qualcuno - è un'altra ragione per uccidere. Lo so. Ero parte anch'io di questo circolo vizioso. Ho trascorso sette anni in un carcere israeliano per aver aiutato a organizzare un attacco armato contro alcuni soldati israeliani. E quella volta fui anche dispiaciuto per il fatto che nessuno dei soldati fosse rimasto colpito. Ma mentre scontavo la mia sentenza ho parlato con molte delle mie guardie carcerarie. Ho imparato qualcosa sulla storia del popolo ebraico. Ho conosciuto l'Olocausto. Ed è così che alla fine ho capito: da entrambe le parti, ci hanno reso degli strumenti di guerra. Da entrambe le parti c'è dolore, pianto, perdite senza fine. L'unico modo per fermare tutto questo è fermare noi stessi».

---

[38] Il premio è promosso dall'omonima Fondazione nata per ricordare l'impegno per la pace nel Mediterraneo di Anne Lindh, ministro degli esteri svedese, morta in circostanze tragiche nel 2003.

La legge

Domanda trabocchetto: qual è la materia prima più utilizzata nel conflitto israelo-palestinese? Se state pensando alle pietre lanciate dai palestinesi, al cemento e ai reticolati del muro di separazione o alla stoffa con cui sono fatte le divise dei soldati israeliani, siete decisamente fuori strada. Perché questo è un conflitto che si fonda sulla carta e sui timbri. Di carta - regolarmente bollata dall'Amministrazione civile - sono fatti i permessi (concessi o negati) di cui hanno bisogno i palestinesi per superare i *checkpoint*. Sulla carta - con il riferimento di rito alle «inderogabili ragioni di sicurezza» - sono riportate le ordinanze di sgombero o di demolizione. Una vera e propria montagna di carta sono le leggi israeliane che in questi oltre sessant'anni hanno tradotto in articoli e commi il modo in cui ci si comporta durante un conflitto. E una montagna di carta alta il doppio sono i ricorsi puntualmente presentati dai palestinesi contro quelle leggi alla Corte suprema israeliana. Alcuni dei quali anche accolti dall'Alta Corte, con sentenze formate da pagine e pagine di carta. Contro le quali - a loro volta - l'Avvocatura dello Stato e i legali dei coloni hanno prodotto nuove proposte di legge che stanno già formando una nuova montagna di carta.

Non è solo un'immagine, ma la fotografia di un altro volto di questa tragedia. Perché in una guerra fortemente mediatica come quella tra israeliani e palestinesi, *legale* o *illegale* sono parole che si ascoltano in continuazione. Con un effetto preoccupante: la certezza del diritto è ormai qualcosa di molto relativo. Prendiamo le case palestinesi di Gerusalemme est: sono soggette a ordinanze di demolizione perché illegali. Nel senso che sono state costruite senza una licenza edilizia. Ma che legalità è quella di chi lascia per quarant'anni una parte della città senza un piano regolatore per evitare poi di dover concedere dei permessi per costruire? I circa cento *outpost*[39] censiti in Cisgiordania sono illegali a tutti gli effetti secondo la

---

[39] Gli *outpost* sono quegli insediamenti israeliani in Cisgiordania che non sono stati riconosciuti ufficialmente dal governo come delle colonie. In teoria non dovrebbero esistere. Ma di fatto tutte le colonie sono nate come *outpost* per essere poi riconosciuti a posteriori. Alcuni sono addirittura in aperta contraddizione con la legge israeliana, che vieta nuovi insediamenti

legge israeliana. Ma allora perché hanno l'allacciamento all'acqua potabile, alle linee elettriche e a quelle telefoniche? Se però si passa la barricata e si va dalla parte palestinese non è che le cose vadano poi così meglio: qual è oggi il governo legale? Quello di Gaza o quello di Ramallah? Quali sono le leggi in un posto dove il parlamento non si riunisce da anni e non si trova un accordo tra le fazioni per tenere nuove elezioni? Chi amministra la giustizia e sulla base di che cosa?

È in questa situazione così scivolosa che risalta ancora di più il coraggio di chi prova a ricordare che esistono dei punti fermi. Che la legge non può essere qualcosa di arbitrario; che ogni persona - anche nel cuore di un conflitto - è titolare di diritti inviolabili. Ed è proprio per tutto questo che, da oltre vent'anni ormai, si batte *B'Tselem*, il "Centro di informazione israeliano sui diritti umani nei Territori occupati". Si tratta di una delle ong israeliane più citate dai giornalisti occidentali, anche per la statistica che ormai dal 2000 tiene aggiornata sulle vittime israeliane e palestinesi a partire dalla scoppio della seconda *intifada*. Ma, prima ancora che per le sue denunce (fatte puntualmente di carta per i tribunali...), *B'Tselem* è una realtà che va conosciuta a partire dalle sue radici. Sono proprio loro, infatti, a mostrare quanto sia assurda la tesi di chi la considera «la madre di tutte le associazioni di sinistra accomunate dall'odio anti-israeliano».

B'Tselem è nata nel 1989, cioè durante la prima *intifada*. A fondarla in Israele sono state alcune figure chiave del movimento pacifista: David Zucker e Haim Oron di *Peace Now,* già allora deputati alla Knesset; Daphna Golan-Agnon, figlia di un combattente del *Lehi*[40] e anima di *Bat Shalom*, il movimento delle donne per la pace; e poi l'attivista Zehava Gal-On (più tardi anche lei parlamentare), l'avvocato per i diritti civili Avigdor Feldman, il professor Edy Kaufman, il giornalista Amnon Kapeliouk. Nacque con l'obiettivo di rompere la cortina di silenzio che circondava le violazioni dei diritti umani nei Territori occupati. Non si può capire davvero *B'Tselem* se non si torna al clima di quegli anni. Perché la prima *intifada* - scoppiata nel dicembre 1987 - per l'israeliano medio fu il risveglio da una gigantesca illusione: quella dell'*occupazione illuminata*; l'idea che sì, nei vent'anni seguiti alla Guerra dei sei giorni ci fosse stato qualche problema con i palestinesi che abitavano in Cisgiordania, ma nessuna grave ingiu-

---

su terreni di proprietà palestinese. Ma nonostante una sentenza della Corte suprema di sei anni fa che ne ha ordinato la demolizione restano al loro posto. Per approfondire questo tema vedi il mio libro: Giorgio Bernardelli, *Gaza. Incatenati a un sogno*, Medusa, 2005.

[40] Il *Lehi* era una forza para-militare della destra israeliana durante la guerra del 1948-49.

stizia. Per rivivere davvero questo sentimento bisognerebbe riprendere in mano *Il vento giallo*, il reportage che David Grossman - allora giornalista radiofonico - pubblicò sui Territori e che arrivò in libreria nel maggio 1987. Quel libro è il frutto di un viaggio durato sette settimane, compiuto prima dello scoppio dell'*intifada*. Spiegò a Israele i problemi che gli insediamenti stavano creando, la tensione che covava sotto la cenere e presto sarebbe poi esplosa [41].

Fondare nel 1989 un'associazione che si occupasse specificamente della legalità nei Territori significava - allora - inserirsi in questo preciso dibattito. Ed è molto importante il modo in cui quel gruppo di intellettuali e di politici prese posizione. Perché già il nome che diedero all'associazione fu un programma. Scegliere di chiamarsi *B'Tselem* voleva dire rivendicare il legame tra l'identità ebraica e la cultura dei diritti umani. Perché questo nome - che in ebraico significa "a sua immagine" - rimanda esplicitamente a Genesi 1,27, il racconto della creazione dell'uomo, uno dei passaggi chiave della *Torah*. La costruzione originale ebraica recita: «Così *Elohim* quell'uomo creato a sua immagine, a immagine di *Elohim* (*B'Tselem Elohim*) lo creò». L'idea che «tutti gli uomini sono nati uguali in dignità e diritti» - espressa dall'articolo 1 della Dichiarazione universale dei diritti dell'uomo - per un ebreo sta già scritta tutta intera nel primo capitolo di *Bereshit*, il primo libro della *Torah*. E quindi - era l'affermazione forte dei fondatori di *B'Tselem* - violare in qualsiasi modo i diritti umani significa calpestare la nostra identità.

Del resto ricordare il legame tra i contenuti della Dichiarazione firmata il 10 dicembre 1948 e l'esperienza del popolo ebraico era un'operazione tutt'altro che peregrina. E non solo perché quel testo nacque dichiaratamente come una risposta agli orrori della *Shoah*. Ma anche perché il suo principale estensore fu proprio un ebreo: il giurista e diplomatico francese René Cassin, insignito proprio per questo nel 1968 del Premio Nobel per la pace. Un uomo che aveva ben chiaro come non bastasse scrivere alcuni principi sulla carta: «Adesso che abbiamo uno strumento in grado di alleviare o ridurre il peso dell'oppressione dell'ingiustizia nel mondo - diceva - dobbiamo imparare a usarlo [42]».

Il 22 novembre 2009 *B'Tselem* ha celebrato i vent'anni dalla sua fon-

---

[41] David Grossman, *Il vento giallo*, Mondadori, 1988.
[42] Per un profilo di René Cassin è possibile consultare il sito ufficiale del Premio Nobel all'indirizzo http://nobelprize.org/nobel_prizes/peace/laureates/1968/cassin-bio.html.

dazione diffondendo una serie di numeri complessivi su quanto accaduto in Israele e nei Territori in questo arco di tempo. Un periodo scandito da eventi cruciali come la prima *intifada*, il processo di pace avviato a Oslo, la seconda *intifada*, la guerra a Gaza. Dal 1989 a oggi, dunque, a causa del conflitto sono morti uccisi dalle forze di sicurezza israeliane 7.398 palestinesi, tra cui 1.537 minori. Dall'altra parte, nello stesso arco di tempo, i palestinesi hanno ucciso 1.483 cittadini israeliani, di cui 137 minori. Va però anche registrato che mentre nel novembre 1989 i palestinesi detenuti nelle carceri israeliane senza un regolare processo erano 1.794, nel novembre 2009 erano scesi a quota 335. Interessante anche il raffronto proposto sulla popolazione dei coloni in Cisgiordania: nel 1989 negli insediamenti vivevano 69.800 israeliani, nel 2009 erano diventati 300.000, cioè altre quattro volte tanto.

«Questo sguardo su un arco di vent'anni - commentava in occasione del ventennale Jessica Montell, direttore esecutivo di *B'Tselem* - ci lascia con il cuore pesante, soprattutto perchè a causa del conflitto continua a essere violato il diritto alla vita dei palestinesi e degli israeliani. Tuttavia, non si può non ricordare anche alcune conquiste ottenute nel campo dei diritti umani: per esempio, vent'anni fa migliaia di palestinesi erano sistematicamente e abitualmente torturati nel corso degli interrogatori. Grazie agli sforzi delle organizzazioni per i diritti umani, tra le quali anche *B'Tselem*, queste torture oggi non avvengono più[43]».

Ma quanto contano questi risultati oggi in Israele? «Mi hanno chiamato traditrice, amante degli arabi, e anche qualcosa di peggio - ha risposto Jessica Montell in un'intervista -. Ma nonostante l'opinione diffusa in questo Paese secondo cui qualsiasi cosa è giustificata in nome della sicurezza, i sondaggi mostrano che un quarto della popolazione sostiene le nostre battaglie». Storia interessante quella dell'avvocato Montell: sfata anche qualche altro luogo comune sul rapporto tra Israele e la comunità ebraica americana. Questa donna infatti è nata in California, come originari degli Stati Uniti sono tanti altri attivisti per i diritti umani. «Sono cresciuta in una famiglia di ebrei politicamente attivi su temi come i diritti umani e la difesa dell'ambiente - racconta -. E non ho mai avvertito alcuna contraddizione tra l'adesione al sionismo e il rispetto dei diritti umani. Solo quando visitai per la prima volta Israele, a 16 anni, mi resi conto che alcune delle

---

[43] *B'Tselem marks twentieth anniversary with a heavy hearth: almost 8.900 Israelis and Palestinians killed in the conflict*, comunicato apparso sul sito www.btselem.org.

politiche israeliane non rispettavano i miei valori fondamentali». Esattamente come i fondatori della sua ong, è sempre sull'identità ebraica che
Jessica Montell fa leva per spiegare le radici del suo impegno all'interno di
B'Tselem: «Ci sono molti aspetti della Legge ebraica che esprimono quelli che oggi chiamiamo diritti umani fondamentali - spiega -. Per esempio
la *Torah* proibisce esplicitamente le punizioni collettive e afferma che un
figlio non deve mai essere ucciso per le colpe del padre[44]».

È una battaglia decisiva quella sul legame tra identità ebraica e rispetto
della legalità. Perché uno degli esiti più devastanti di questo conflitto è il
fastidio crescente in Israele (ma anche in molte comunità ebraiche della
diaspora) verso la cultura dei diritti umani. La preoccupazione per la sicurezza sembra sempre di più una coperta in grado di coprire tutto. Ormai
non desta scandalo nemmeno il fatto che un bambino palestinese di dieci
o dodici anni fermato perchè ha lanciato delle pietre finisca in carcere in
mezzo agli altri detenuti. Anche su un quotidiano *liberal* come *Hareetz* le
denunce di *B'Tselem* vengono presentate come iniziative della *left-wing or-
ganization B'Tselem*: la si butta in politica, non si entra mai davvero nel merito delle questioni. Non sorprende - allora - che oggi in Israele nell'occhio
del ciclone sia finito il *New Israel Fund*, la "cassaforte" delle organizzazioni
israeliane schierate per la difesa dei diritti umani. È quella che su *terrasan-
ta.net* ho chiamato la guerra delle ong, perché vede in prima linea come
grande accusatore non un partito o un movimento, ma un'altra ong «mo-
derata e apolitica» che si chiama *Im Tirtzu* («se lo vogliamo»). All'inizio
del 2010 ha diffuso un rapporto in cui attribuisce al *New Israel Fund* la vera
paternità del rapporto Goldstone, il documento dell'Onu in cui vengono
denunciati gli abusi che sarebbero stati commessi dall'esercito israeliano
durante la guerra di Gaza. La fonte delle notizie raccolte da Goldstone -
spiega *Im Tirtzu* - sono associazioni come *B'Tselem, Adalah, Physicians for
Human Rights, Gisha, Kav LaOved...* (tutte sigle di cui si parla in queste pagine) e che sono finanziate da questo fondo internazionale alimentato da
molti ebrei della diaspora. *Im Tirtzu* ha chiesto un'indagine parlamentare
contro questi "traditori" con l'intenzione - neanche troppo nascosta - di
vietare al *New Israel Fund* la raccolta fondi per queste associazioni. E un
parlamentare di *Kadima* (neanche del *Likud* o dell'estrema destra) ha portato questa istanza alla Knesset[45]. Ovviamente non se n'è fatto nulla: non

---

[44] *Taking a Neighborly Interest*, intervista a Jessica Montell, www.cartercenter.org, agosto
2007.
[45] Giorgio Bernardelli, *La guerra delle ong*, terrasanta.net, 11 febbraio 2010.

si vede in base a che cosa si potrebbe vietare l'attività di raccolta fondi a sostegno di associazioni che - principalmente - passano il loro tempo nei tribunali a chiedere che quanto sta scritto nelle leggi israeliane sia poi fatto valere sul serio. Eppure questa vicenda racconta bene il clima di insofferenza diffuso su un tema come il rispetto dei diritti umani.

Anche in questo caso c'è una data spartiacque ed è quella segnata dalla Conferenza Onu di Durban sul razzismo, tenutasi in Sudafrica all'inizio del settembre 2001. Un appuntamento entrato nella galleria degli orrori del "nuovo antisemitismo". Un evento che - come sempre - va letto nel contesto di quel periodo, con la seconda *intifada* che stava raggiungendo il suo periodo più cruento. In Sudafrica si riuniscono le delegazioni di tutto il mondo per discutere di razzismo e Israele finisce sul banco degli imputati con una risoluzione che equipara *tout court* il sionismo a una forma di razzismo. Per un Paese che proprio in quelle settimane è costretto a tenere il macabro conto delle sue vittime negli attentati suicidi si tratta di un'esperienza shock. Israele e gli Stati Uniti, così, decidono di ritirare per protesta le loro delegazioni dalla Conferenza. Poi - a pochi giorni di distanza - arriva l'altro trauma, quello dell'11 settembre. E le due cose si fondono: da quel giorno in Israele parlare di tutela dei diritti umani dei palestinesi è diventata una forma di disfattismo.

«Siamo in guerra, non possiamo occuparci di queste bazzecole», è il messaggio di fondo. Ed è un messaggio che può arrivare anche a esiti sorprendenti. A chiunque va in Israele raccomando sempre di ritagliarsi il tempo per una visita non frettolosa allo *Yad Vashem* a Gerusalemme. Lo considero molto più di un memoriale della *Shoah*: è una tappa indispensabile per capire l'ebraismo di oggi. Ho imparato ad ammirare questo posto, vi ho scoperto tante storie eccezionali. Trovo - ad esempio - che il nuovo allestimento del museo abbia una forza straordinaria, che giochi molto bene sull'empatia, elemento indispensabile per capire che quella tragedia non è lontana dall'esperienza di ciascuno di noi. Però c'è un aspetto che mi lascia molto perplesso. Un'assenza che - personalmente - mi inquieta molto di più della tanto discussa didascalia su Pio XII. Perché nelle sale del museo dello *Yad Vashem* non c'è nessun riferimento al fatto che dopo la *Shoah* le nazioni del mondo, il 10 dicembre 1948, sottoscrissero una serie di principi chiari per far sì che tragedie come quella non si ripetano mai più. Nel luogo per eccellenza della memoria, la Dichiarazione universale dei diritti dell'uomo è dimenticata. Nel filo logico della narrazione si accompagnano le vittime, si entra con loro nel tunnel della disperazione, ma alla fine esistono solo due risposte: il processo di Norimberga e la nascita dello Stato di Israele. Con un'appendice interessante: il racconto del processo ad Adolf Eichmann, il criminale nazista scovato in Argentina nel 1960 e poi processato a Gerusalemme, fino alla sua esecuzione nel 1962. Un vero e proprio passaggio del testimone tra il tempo della persecuzione e l'era del nuovo ebreo non più succube, ma artefice del proprio destino.

Come ho già spiegato più diffusamente in un altro mio libro[46], non considero affatto questa impostazione una forma bieca di nazionalismo. Frequentando Israele, la sua gente e la sua cultura ho imparato a capire il significato più profondo che per un ebreo ha questa parabola. Ma ciò non mi impedisce di far notare l'assenza allo *Yad Vashem* di un riferimento alla Dichiarazione universale dei diritti dell'uomo. Sono convinto che questa dimenticanza sia profondamente legata al fatto che il nuovo allestimento del museo sia nato proprio negli anni della seconda *intifada*. Quelle parole per una parte dell'opinione pubblica israeliana sono diventate una specie di tabù, qualcosa di impronunciabile. Ma di fatto così si cancella un pezzo importante dell'identità ebraica. Per questo motivo mi piacerebbe lanciare una campagna: cari amici dello *Yad Vashem* - direi loro - non togliete nulla dal vostro museo, non cambiate nessuna parola. Ma nella sala conclusiva, quella in cui si parla di che cosa è successo dopo lo smantellamento dei campi di sterminio, aggiungete almeno una fotografia. Raccontate la storia di un altro ebreo vissuto in Francia in quegli anni drammatici. Un uomo che, però, ha maturato una forma diversa di resistenza: quella dell'affermazione di un'etica giuridica più forte di ogni barbarie. Scriveteci che - accanto ad Eleonor Roosvelt - è stato l'ebreo René Cassin a scrivere e a far approvare dalle nazioni del mondo quei 30 articoli che, se rispettati davvero, renderebbero davvero credibile l'espressione *Mai più*. Certo, principi che in questi sessant'anni sono stati calpestati troppe volte e in troppi Paesi del mondo. Ed è vero: a volte li si è anche strumentalizzati, per colpire il proprio avversario. Ma questo non toglie nulla alla loro verità e alla loro forza. Ricordate a *Yad Vashem* la figura di René Cassin. E scriveteci bello grosso che dal 1942 al 1976 fu presidente dell'*Alliance Israélite Universelle*, l'associazione fondata in Francia nel 1860 da Adolphe Crémieux per la salvaguardia dei diritti degli ebrei di tutto il mondo. Difesa dei diritti e della dignità umana di tutti - in ogni luogo e in ogni momento - e sicurezza

---

[46] Giorgio Bernardelli, *Antisemitismo. Una categoria fuori controllo*, Edizioni San Paolo, 2007.

degli ebrei: non sono due strade diverse, ma la stessa battaglia. Chi meglio di René Cassin potrebbe testimoniarlo in un posto come lo *Yad Vashem*?

Serve ricordare questi punti fermi. Serve soprattutto in un momento storico come quello che stiamo vivendo. Nel suo bilancio dei vent'anni di *B'Tselem* Jessica Montell citava come una svolta fondamentale la condanna della tortura. Si tratta della sentenza del 6 settembre 1999 con cui la Corte suprema israeliana ha stabilito che è illecito sottoporre a questa pratica i sospetti terroristi. Una decisione arrivata non a caso negli anni del processo di pace e cancellando altri pronunciamenti precedenti che avevano lasciato aperto il campo a una serie di eccezioni. Una vittoria soprattutto del *Public Committee Against Torture in Israel (Pcati)*, un cartello di associazioni che era nato con questo scopo specifico nel 1990. «Siamo consapevoli che questa decisione non renderà più facile affrontare il problema della sicurezza - ha scritto con parole particolarmente ispirate l'allora presidente della Corte suprema Aharon Barak -. È il destino di una democrazia - essa non considera ogni mezzo accettabile, e non trova aperte tutte le strade utilizzate dai propri nemici. Una democrazia deve talvolta combattere con un braccio legato dietro la schiena. Eppure, anche così, una democrazia ha sempre la mano migliore. Il rispetto del diritto e delle libertà individuali costituiscono un importante aspetto della sua sicurezza. In fin dei conti sono queste caratteristiche a rafforzare il suo spirito e questa forza è ciò che le permette di superare tutte le difficoltà».

Nonostante queste parole, però, la battaglia del *Public Committee Against Torture in Israel* non è finita perché - come questo organismo continua a denunciare ancora oggi sul suo sito internet[47] - troppo spesso la tortura continua attraverso nuove forme. «È vero che il numero delle vittime della tortura è minore rispetto a dieci anni fa - ha scritto recentemente il presidente del *Pcati,* Ishai Menuchin -, che i metodi sono cambiati e che le forme di pressione sono differenti, ma il dolore sofferto dalle vittime è lo stesso, come purtroppo continua ancora la pratica da parte dello *Shin Bet*[48] di accordare permessi a priori per pratiche che di fatto sono una tortura nei confronti di chi è sottoposto a un interrogatorio. Dieci anni fa la Corte suprema stabilì che il governo o i capi dello *Shin Bet* non sono autorizzati a emettere direttive, regole o permessi che autorizzino l'uso di mezzi di pres-

---

[47] L'indirizzo è www.stoptorture.org.il.
[48] Lo *Shin Bet* è il servizio di *intelligence* interno di Israele.

sione fisica durante gli interrogatori. In questi dieci anni abbiamo raccolto un numero rilevante di prove che testimoniano come lo *Shin Bet* abbia violato sistematicamente questa indicazione della Corte. E sono prove che comprendono testimonianze rilasciate in tribunale da agenti dello *Shin Bet*, testimonianze di persone che hanno subito questi interrogatori e persino dichiarazioni pubbliche rilasciate dallo *Shin Bet* stesso e dall'ufficio del Primo ministro[49]».

Resta, dunque, drammaticamente attuale la questione della tortura nelle carceri, ma non riguarda solo Israele. Le immagini delle violenze commesse dai soldati americani sui detenuti nella prigione irachena di Abu Grahib e nella base di Guantanamo l'hanno portata all'attenzione del mondo. Ma sarebbe profondamente sbagliato non porsi altrettante domande su quei posti dove la tortura avviene lo stesso anche senza che dalle stazioni di polizia escano immagini da mostrare alla televisione.

E allora bisogna dire con chiarezza che - nel conflitto mediorientale - anche questo problema non sta da una parte sola della barricata. Perché la tortura esiste anche nelle carceri palestinesi, con buona pace di troppi che preferiscono chiudere gli occhi per non vedere. A denunciarlo con grande coraggio è il *Palestinian Human Rights Monitoring Group (Phrmg)*, un gruppo palestinese nato nel dicembre 1996 proprio per denunciare in maniera specifica gli abusi commessi dalle forze di sicurezza della neonata Autorità nazionale. «Questo gruppo - si legge nell'autopresentazione - ritiene che, pur tenendo presente la perdurante occupazione israeliana dei Territori Palestinesi e la necessità di denunciare le violazioni israeliane, la vigilanza sulle violazioni commesse dai palestinesi sia essenziale nel processo di costruzione delle istituzioni, per assicurare che il futuro Stato palestinese sia davvero democratico. Alla fine, infatti, solo la salvaguardia dei diritti umani può dare forza all'Autorità palestinese[50]».

Sono parole che si riflettono molto bene nella storia del direttore esecutivo del *Phrmg*, Bassem Eid, che viene proprio da *B'Tselem*. È stato infatti lavorando per sette anni all'interno dell'organizzazione israeliana che si batte contro le violazioni dei diritti umani commessi dall'esercito o dalle autorità israeliane che questo palestinese ha maturato la consapevolezza della necessità di applicare la stessa vigilanza pure dentro la società palestinese. Anche questa è una storia che andrebbe raccontata a tutti quelli che

[49] Ishai Menuchin, *The "Torture ruling" ten years after*, www. stoptorture.org.il, 6 settembre 2009.
[50] Il testo è tratto dal sito del *Palestinian Human Rights Monitoring Group* www.phrmg.org.

presentano *B'Tselem* come «un'organizzazione di parte, anti-israeliana». Bassem Eid ha capito subito quanto questa sfida fosse importante, quando vedeva nascere le istituzioni dell'Autorità di Ramallah ma non quella cultura della legalità indispensabile per dare vita a uno Stato vero. Uno dei dati più sconvolgenti del sito del *Palestinian Human Rights Monitoring Group* è l'elenco dei 49 nomi di detenuti che - dal 1994 a oggi - sono morti nelle carceri palestinesi. Dieci di loro hanno perso la vita nel corso del solo 2009. Non stiamo parlando di Hamas, ma del sistema penitenziario di quell'Autorità nazionale palestinese le cui forze di sicurezza vengono addestrate da generali occidentali e i cui risultati nel controllo della situazione in Cisgiordania vengono additati come un importante passo in avanti verso una "Palestina affidabile".

Va appurato che queste pratiche non sono ovviamente monopolio degli uomini di *Fatah*: basta leggere i rapporti che ogni mese rilascia l'*Indipendent Commission for Human Rights (Ichr)*[51] - l'organismo pubblico palestinese che dovrebbe monitorare il rispetto dei diritti umani - per avere la conferma di quanto su questo specifico aspetto la situazione cambi poco tra Gaza e Ramallah: persone scomparse, esecuzioni extra-giudiziali, denunce di torture, condanne a morte di collaborazionisti[52], violazioni arbitrarie del diritto di proprietà... Tutte denunce a cui puntualmente non segue nulla. Viene allora da chiedersi se non stia proprio qui il problema: se dietro alla debolezza politica dell'Autorità nazionale palestinese non alberghi proprio questa ambiguità sul piano etico. La si vede in maniera macroscopica nella tortura che avviene nelle carceri, ma è poi la stessa che da ormai più di quindici anni ha anche il volto della corruzione dilagante nei Territori. Sempre Bassem Eid ci viene in aiuto con un piccolo aneddoto su Gaza: prima che Hamas prendesse il potere un palestinese della Striscia per ottenere un passaporto doveva sborsare 235 *shekel*; due anni dopo le quotazioni erano salite a 1.200 *shekel*. La guerra civile, il governo dei religiosi, gli scontri, l'embargo, i tunnel, non hanno fatto altro che aumentare il numero degli intermediari e le tariffe pretese da ciascuno[53].

È quella della legalità l'*intifada* più urgente in Palestina. L'unica che probabilmente può aiutare questo popolo a voltare pagina davvero.

---

[51] Sono consultabili su internet all'indirizzo www.ichr.ps.

[52] Si veda ad esempio il comunicato *B'Tselem strongly condemns execution of two Palestinians in Gaza Strip*, pubblicato sul sito di *B'Tselem* il 15 aprile 2010.

[53] Bassam Eid, *The cost of corruption*, Jerusalem Post, 1 luglio 2009.

Diritti degli israeliani, diritti dei palestinesi, ma ci sono davvero solo loro dentro a questo conflitto? È un'altra domanda che sarebbe ora di cominciare a porsi, perché basta tenere gli occhi un po' aperti quando si gira per le grandi città israeliane per accorgersi che ormai in questa terra c'è anche qualcun altro. Sono infatti sempre più numerosi i lavoratori stranieri provenienti dall'Estremo Oriente, dall'Africa o dall'Europa dell'Est. Sono quelli che hanno preso il posto dei palestinesi nel mercato del lavoro israeliano: contadini thailandesi o nepalesi, badanti e domestici filippini, cuochi e lavapiatti indiani, muratori romeni e cinesi. È un fenomeno iniziato negli anni Novanta, quando con la nascita dell'Autorità nazionale palestinese è cominciato anche il regime dei permessi per accedere in Israele dalla Cisgiordania e da Gaza. Ma l'impennata si è avuta con la seconda *intifada*, quando i blocchi sono diventati sistematici e per un palestinese è diventato praticamente impossibile poter recarsi quotidianamente a lavorare in una città israeliana. Serviva, dunque, qualcuno per rimpiazzarli e la risposta è venuta dalle società di *manpower*, le agenzie di collocamento del mercato del lavoro globale. Hai bisogno di un bracciante agricolo? La filiale di Tel Aviv di una società che sta a Bangkok te lo va a cercare in un villaggio thailandese, là dove la terra è poca e qualche anno a far fortuna all'estero può essere una soluzione. Ti serve una badante? L'intermediario pubblica l'annuncio a Manila.

In Israele, però, è un sistema che postula una presenza solo temporanea di questi lavoratori immigrati. Salvo permessi straordinari che è il ministro del lavoro in persona a controfirmare, i lavoratori stranieri non possono rimanere in Israele per più di cinque anni. E se perdono il lavoro, non potrebbero trovarne un altro in un settore diverso da quello per cui sono stati reclutati. Ma tutto questo è vero solo sulla carta: un sistema del genere - dettato dalla preoccupazione tutta israeliana di non intaccare per via demografica l'identità ebraica dello Stato - non è per niente funzionale alle esigenze del mercato del lavoro. E infatti nel Paese il fenomeno dei clandestini dilaga. Le ultime stime ufficiali - diffuse dal governo Netanyahu nel dicembre 2009 - parlano di un totale di 255 mila lavoratori stranieri (pari al 10,4 per cento della forza lavoro israeliana), ma con un buon 50 per cento di illegali. Nel Paese, però, sono molti a dire che i clandestini sono ancora di più: c'è chi parla addirittura di 370 mila lavoratori stranieri.

Sono gli invisibili per definizione: per loro non si scalda né chi sventola la bandiera con la Stella di Davide (che sostanzialmente li tollera solo perché indispensabili), né chi indossa una *keffiah* (che li considera intrusi venuti qui a togliere il lavoro agli arabi). Eppure può capitare anche a loro di morire in questo conflitto: è successo, ad esempio, il 18 marzo 2010 quando nel *moshav* Netiv Ha'asara, al confine con la Striscia di Gaza, un razzo Qassam sparato da un gruppo palestinese legato ad *al Qaida* ha ucciso il bracciante thailandese Manee Singueanphon. È stata l'unica *vittima del terrorismo* di cui non è comparsa nemmeno una foto sui siti internet dei giornali israeliani.

A occuparsi della condizione dei lavoratori stranieri immigrati (molti dei quali cristiani) è soprattutto una ong israeliana, *Kav La'Oved* ("lo sportello dei lavoratori"). Fondata nel 1991 da Hannah Zohar, un'ex dattilografa, nacque come una linea telefonica per l'assistenza ai lavoratori meno tutelati. In un Paese dove l'*Histadrut* - lo storico sindacato israeliano - era ancora un pezzo importante dell'*establishment*, allora si trattava di difendere soprattutto i diritti dei palestinesi che lavoravano in Israele. Oggi il testimone dei senza tutele l'hanno passato agli immigrati stranieri, in un sistema dove la precarietà si trasforma in una condizione ideale per lo sfruttamento. Le denunce pubblicate sul sito di *Kav La'Oved*[54] parlano di salari non pagati, di orari protratti oltre ogni limite, di abusi sessuali commessi dai datori di lavoro.

Ma non c'è solo la denuncia dei singoli episodi: si tratta anche di mettere in discussione un intero modello che non è rispettoso della dignità di queste persone. L'esempio più clamoroso è la negazione del diritto alla famiglia. La legge israeliana non ammette infatti la possibilità che due lavoratori immigrati si sposino e abbiano un figlio in Israele: in teoria la normativa prevede che i bambini nati da lavoratrici straniere lascino il Paese entro il compimento del terzo mese, pena la revoca del permesso di soggiorno alla madre. Una legge vergognosa. E infatti finora non è stata applicata. Adesso però i nodi stanno venendo al pettine: nelle scuole israeliane ci sono ormai 1.200 bambini che ufficialmente non dovrebbero esserci. E la destra israeliana preme per la loro espulsione, perché teme che alla lunga gli immigrati mettano radici nel Paese.

Anche questa è una frontiera importante per la pace in Medio Oriente. Perchè non è assolutamente una battaglia diversa quella portata avanti da *Kav La'Oved*: in gioco, infatti, c'è lo stesso riconoscimento dei diritti inalienabili di ogni persona. Che viva con l'incubo di un razzo Qassam che può piovergli sulla testa da un momento all'altro, che sia rinchiuso nell'as-

---

[54] L'indirizzo è www.kavlaoved.org.il.

sedio di Gaza o in una prigione di Ramallah, che fatichi da mattina a sera in una cucina di Tel Aviv con l'incubo dell'espulsione sempre dietro l'angolo, quell'uomo o quella donna è sempre *B'Tselem Elohim*, immagine di Dio. Alla fine è ancora il messaggio di René Cassin: solo quando saremo capaci di dare a questa idea la forza propria di una legge, potremo costruire la pace su fondamenta capaci di reggere davvero. A più di sessant'anni dalla Dichiarazione del 1948, nella Terra Santa dove sembrerebbe sempre vincere la legge del più forte, ci sono ancora realtà che provano a seguire questa strada. Se pensiamo bene a tutto quanto è successo si tratta di un mezzo miracolo. Guai a lasciarli soli.

I feriti

Se c'è un aspetto di questo conflitto che ci ripugna profondamente è il restringersi delle zone franche riservate a chi è stato reso debole da una ferita o da una malattia. In ogni campo di battaglia c'è sempre stato spazio per il rispetto e la cura almeno delle sofferenze fisiche del nemico. Nella guerra tra israeliani e palestinesi, invece, anche queste certezze oggi vacillano: i muri, i *check-point*, gli embarghi fermano anche le ambulanze. Ed è un pugno nello stomaco la statistica che B'Tselem tiene aggiornata sul numero di persone morte perché *per ragioni di sicurezza* non sono riuscite ad arrivare in tempo in ospedale[55].

Va anche ricordato, però, che questo dramma non nasce dal nulla. C'è un episodio ben preciso impresso nella mente degli israeliani: il 27 gennaio 2002 a farsi saltare in aria davanti a un negozio di scarpe a *Jaffa road* a Gerusalemme fu Wafa Idris, una volontaria della Mezzaluna Rossa palestinese, l'associazione che gestisce il trasporto in ambulanza degli ammalati. Nell'esplosione - oltre a questa donna - morì un anziano di 81 anni, mentre un centinaio di persone rimasero ferite. Ma soprattutto quel giorno segnò la fine della pietà nei confronti dei malati. Da quel giorno per la sicurezza israeliana anche chi sta su una barella è diventato un potenziale pericolo.

Che cosa ha spinto Wafa Idris a compiere un gesto così terribile? Questa donna di 28 anni non era una militante politica né (tanto meno) una fanatica religiosa. C'è chi dice che la molla sia stata la voglia di vendicare i tanti palestinesi che aveva visto passare in fin di vita sulla sua ambulanza dopo essere stati colpiti dall'esercito israeliano. C'è chi invece sottolinea il fatto che fosse divorziata: quindi sarebbe stata «brutalmente spinta a compiere questo gesto per riscattare l'onore della famiglia». La verità non la sapremo mai. Ma la storia di Wafa resta comunque un simbolo della guerra delle ambulanze. Insieme a un altro episodio, che fece molto rumore nell'ottobre 2004: durante l'ennesima crisi su Gaza il ministero della

---

[55] È consultabile on line all'indirizzo http://www.btselem.org/English/Statistics/Index.asp.

Difesa israeliano diffuse una foto aerea per corredare un'accusa pesante nei confronti dell'Unrwa, l'agenzia dell'Onu che si occupa dell'assistenza ai profughi palestinesi. Dall'alto si vedeva un uomo che - nel campo profughi di Jabalya, uno dei più popolosi della Striscia - caricava un oggetto cilindrico su un'ambulanza. «Ecco la prova - fu l'accusa - che i palestinesi utilizzano le ambulanze dell'Unrwa per trasportare i razzi *Qassam*». In quel caso fu Peter Hansen, allora commissario generale dell'Onu a Gaza, a rispondere. Facendo notare che il peso medio di un *Qassam* è di 50 chili: è un po' improbabile che un palestinese sia in grado di sollevarlo con una mano sola. In realtà il "missile" altro non era che una barella ripiegata, cioè l'oggetto più normale da caricare su un'ambulanza. Pochi giorni dopo il ministero della Difesa israeliano dovette riconoscere di essersi sbagliato. Non senza però aggiungere che «l'uso di strutture dell'Unrwa da parte di terroristi è storia vecchia e risaputa e questo spiega l'errore»[56].

Bisogna precisarlo subito: la guerra delle ambulanze non è l'unico volto. Ci sono anche tanti esempi "ordinari" di cooperazione medica encomiabile tra israeliani e palestinesi. Basterebbe fare un giro in corsia nei principali ospedali di Gerusalemme e Tel Aviv per rendersene conto. Però, purtroppo, anche in questi casi virtuosi il conflitto alla fine riaffiora lo stesso.

Lo ha scritto con chiarezza in un articolo un testimone particolarmente credibile in questo senso. Un medico palestinese che ha pagato personalmente un prezzo molto pesante durante la guerra del gennaio 2009 a Gaza. Perché Ezzeldeen Abu al-Aish si è trovato a raccontare in diretta agli amici medici israeliani la morte di tre sue figlie, rimaste vittima di una cannonata che ha colpito la loro casa durante l'avanzata delle truppe di terra dell'esercito con la Stella di Davide. Una vicenda rimbalzata sulle tv di tutto il mondo, che ha reso celebre questo ginecologo palestinese che collabora da vent'anni con gli ospedali israeliani e ha persino lavorato al *Soroka Medical Center* di Be'er Sheva.

Nei giorni successivi alla tragedia il dottor Ezzeldeen Abu al-Aish ha scritto un articolo, pubblicato da *Haaretz*, che racconta tutto il peso che si nasconde anche dietro a queste esperienze positive. «Quando sono tornato nella Striscia[57] - ha scritto Abu al-Aish - ho trovato un sistema sani-

[56] Sull'intera vicenda è interessante rileggere la traduzione italiana degli articoli del *Jerusalem Post* a questo link: http://www.israele.net/articolo,391.htm.

[57] Per alcuni anni il dottor Ezzeldeen Abu al-Aish era stato prima ad Harvard, dove aveva conseguito una nuova specializzazione, e poi a Kabul, dove aveva lavorato per il ministero della

tario molto impoverito. Chiunque visiti un reparto di pediatria allo *Sheba Medical Center* o al *Souraski Medical Center* (due grandi ospedali israeliani *ndr*) incontra un buon numero di bambini palestinesi. Molti sono contenti di essere assistiti in Israele, un Paese che ha uno dei migliori sistemi sanitari al mondo. E la cooperazione tra le strutture israeliane e palestinesi esiste, anche se non ha ancora raggiunto un livello soddisfacente. Si potrebbe paragonare questa cooperazione al "turismo medico" - continuava il medico palestinese -; se non fosse che nei posti dove esiste questo tipo di realtà solitamente una persona pianifica la sua degenza, arriva all'ospedale e - in qualche modo - vive anche un'esperienza piacevole nell'essere assistito. Qui, invece, ci si trova davanti a una forma strana di turismo medico, perché coinvolge due popoli in conflitto. E alla fine questo non fa altro che accentuare le sofferenze del paziente. La complicata burocrazia necessaria per garantirsi le coperture assicurative e i permessi della sicurezza indispensabili per poter entrare in Israele dalla Striscia di Gaza, complicano decisamente ogni cosa. E anche quando qualcuno riesce a ottenere tutto questo e a farsi curare in Israele, deve poi comunque ricominciare da capo per avere l'appuntamento per una visita di controllo o una terapia legata all'intervento: nessuno infatti è in grado di garantirgli quei permessi».

«Un altro problema - continuava in quell'articolo il dottor Abu al-Aish - è la mancanza di comunicazione tra il medico che da Gaza invia il paziente e quello che si occupa di lui in Israele. Così spesso le condizioni del paziente peggiorano appena ritorna a Gaza. Questo sistema va avanti da anni, ma nessuno ha cercato mai di guardarci dentro per provare a migliorare il trattamento e rendere più semplici le cose per i pazienti di Gaza. Ed è proprio ciò a cui stavo lavorando quando questa tragedia mi ha colpito: stavo studiando i sistemi di trasporto degli ammalati per cercare una strada per ottimizzarli[58]».

È un segno dunque bello e importante la cooperazione tra ospedali. Ma non va mitizzata e - soprattutto - non va utilizzata per coprire le cose che non vanno. Tra l'altro non bisognerebbe mai dimenticare che se funziona davvero è grazie a una rete di solidarietà molto più vasta, fatta spesso di piccoli gesti compiuti da persone semplici. È il caso - ad esempio - di *Way to recovery*, un'altra iniziativa nata nell'ambito del *Parents Circle*. Si tratta di una risposta a un problema molto concreto: quello del trasporto da e

---

sanità afghano.
[58] Ezzeldeen Abu al-Aish, *An abnormal system*, Haaretz on line, 5 febbraio 2009.

per le strutture sanitarie. Anche se riceve un permesso per ragioni mediche infatti un paziente palestinese non può infatti attraversare il muro o un *check-point* con la propria auto, che ha la targa verde dell'Autorità palestinese. Serve un trasbordo su un altro mezzo dotato della targa gialla, quella che ti permette di circolare in Israele. Nei casi più gravi sono gli ospedali a mandare un'ambulanza; ma quando l'ammalato deve compiere il tragitto avanti indietro più volte per sottoporsi a una terapia una soluzione del genere è impensabile. Per evitare di dover ricorrere ogni volta a un taxi è nata appunto *Way to recovery*, una rete di volontari israeliani che mettono a disposizione la propria auto e il proprio tempo per questo tipo di trasferimenti. Vanno ad aspettare l'ammalato al *check-point*, lo portano in ospedale e lo riconducono al posto di blocco una volta terminata la seduta. Grazie a questo sistema, tanto per fare un esempio, la piccola Aya Aiid Abo-Mois - due anni, affetta da una grave malattia genetica - può recarsi con la mamma tre volte alla settimana da Jenin al *Rambam Medical Center* di Haifa per sottoporsi alla dialisi.

Way to recovery è nata nel 2006 e conta attualmente una cinquantina di volontari. Tutto è nato da una vicenda concreta: un palestinese che partecipa alle attività del *Parents Circle* ha contattato Yuval Roth, un israeliano che quindici anni fa ha perso un fratello in un attentato di *Hamas*. Doveva recarsi al *Rambam Center* e non sapeva come fare; così Yuval è andato ad aspettarlo al *check-point*. E da quel momento la rete ha iniziato a organizzarsi.

«Quando accompagno un paziente palestinese a un ospedale in Israele - ha raccontato Yuval Roth in un'intervista - preparo il terreno per costruire un rapporto più stretto tra i nostri due popoli. Sono stufo di tante parole sulla pace. Dobbiamo cominciare dai gesti concreti, ed è proprio quanto sto facendo insieme a tutti i volontari che danno una mano in questa attività». Questo non cancella comunque tante contraddizioni come quelle di cui parlava il dottor Abu al-Aish: la piccola Aya dovrebbe sottoporsi a un trapianto, ma la legge israeliana preclude questo tipo di operazioni a chi non è cittadino del Paese. In questi casi - dunque - l'ospedale di Haifa è costretto ad attivarsi con strutture analoghe in Giordania per permettere anche ai pazienti palestinesi di avere accesso a questo trattamento fondamentale per la loro salute[59].

---

[59] Karin Kloosterman, *Drivers and doctors on the road to peace*, www.israel21c.org, 26 agosto 2009.

Portare alla ribalta problemi come questo è il cuore dell'impegno di *Physicians for Human Rights*, l'associazione dei *Medici per i diritti umani*. A fondarla è stata Ruchama Marton, una battagliera psichiatra israeliana. Nata a Gerusalemme nel 1937, attivista praticamente da sempre sul fronte dei diritti civili (a 19 anni fu esentata dal servizio militare obbligatorio per le sue battaglie femministe all'interno dell'esercito), nel 1988 decise che bisognava fare qualcosa di fronte alla vergognosa situazione sanitaria di Gaza. Attenzione alla data: parliamo di un momento in cui la prima *intifada* era appena scoppiata, *Hamas* era ancora poca cosa e la Striscia non era ancora isolata dal resto di Israele e dai Territori. Già allora Ruchama Marton si preoccupava per una situazione insostenibile che alla lunga avrebbe potuto creare frutti pericolosi. Di qui la scelta di fondare *Physicians for Human Rights*, che non è solo una rete di medici israeliani che portano assistenza sanitaria ai palestinesi attraverso cliniche mobili. È soprattutto un movimento di opinione sul tema del diritto alla salute, un diritto di fatto negato a centinaia di migliaia di persone. Un problema che - a partire dagli anni Novanta, con la nascita dell'Autorità nazionale palestinese - è diventato ancora più serio.

«Lo Stato di Israele - denuncia Ruchama Marton - ha assegnato ai palestinesi la responsabilità per l'assistenza medica, l'educazione e tanti altri aspetti della vita quotidiana. Ma nello stesso tempo ha negato loro l'autorità necessaria per occuparsi davvero di queste materie. Questo atteggiamento, così irrispettoso e immorale, difficilmente potrà funzionare». Di qui, allora, l'impegno dell'associazione. «Noi di *Physicians for Human Rights* - prosegue la fondatrice - vediamo il nostro lavoro non solo come una forma di cooperazione e di solidarietà con i palestinesi, ma anche come una forma di protesta: anche per questo non esitiamo a recarci anche dove è proibito e senza chiedere alcun permesso[60]».

Ruchama Marton è stata in prima fila nella battaglia contro l'utilizzo della tortura nelle carceri israeliane: ha denunciato con forza il comportamento di tanti suoi colleghi medici, troppo spesso conniventi con questo tipo di pratiche. E proprio in forza di questo impegno nel 1999 - negli anni del processo di pace - la Corte Suprema ha assegnato a lei e alla sua associazione il premio Emil Grunzweig, il più importante riconoscimento israeliano sulla difesa dei diritti umani. Una curiosità: Ruchama

---

[60] Queste affermazioni di Ruchama Marton sono tratte dal profilo a lei dedicato sul sito dell'*American Friends Service Committee*, un'associazione pacifista statunitense legata ai Quaccheri (www.afsc.org).

Marton è cugina di Ada Yonath, la prima donna israeliana ad aver ricevuto un Premio Nobel, quello per la chimica nel 2009. E il fatto interessante è che anche questa gloria del Paese - una studiosa che conduce ricerche avanzatissime nel prestigioso *Weizmann Institute of Science* -, in un'intervista concessa dopo l'assegnazione del prestigioso riconoscimento, si è schierata contro la detenzione di migliaia di palestinesi nelle carceri israeliane[61].

Oggi *Physicians for Human Rights* conta in Israele circa 1.500 soci, di cui oltre la metà sono medici. Le sue attività si concentrano intorno a tre direttrici: c'è - innanzi tutto - l'assistenza medica concreta, con le diagnosi e le terapie per le popolazioni prive di una copertura sanitaria sufficiente. Che possono essere i palestinesi dei Territori, ma anche i beduini dei villaggi non riconosciuti nel Negev, o i detenuti nelle prigioni o i lavoratori immigrati presenti in Israele. Poi c'è il secondo passo, che è quello dell'assistenza individuale: nei casi in cui è possibile, l'associazione si attiva con le strutture pubbliche per far sì che il diritto alla salute di questi pazienti non rimanga solo sulla carta. Infine c'è l'attività più generale di *advocacy*, cioè le campagne di opinione per promuovere leggi più rispettose delle esigenze sanitarie anche di queste fasce marginalizzate della popolazione.

Ogni mese *Physicians for Human Rights* diffonde un rapporto sulle attività dei suoi medici. Nei periodi più caldi del conflitto, quando i *check-point* si fanno più impenetrabili, diventa più consistente l'attività svolta dalla clinica mobile nei Territori. Negli ultimi due anni, ad esempio, questo presidio medico ha fatto tappa più volte nei villaggi lunga la strada 443, la direttrice a sud-ovest di Ramallah vietata *per ragioni di sicurezza* alle auto con targa palestinese. Una misura presa a protezione dei coloni che abitano nella zona, ma che ha come conseguenza il fatto di rendere inaccessibili molti servizi sanitari per gli abitanti di Harbata, Beit Ur al-Tahta, Beit Sira e Ni'ilin. Per raggiungere questi pazienti talvolta i medici hanno persino attraversato a piedi i *check-point*. In questi ultimi anni, poi, nelle statistiche dei pazienti curati da *Physicians for Human Rights* sono aumentati molto anche gli stranieri presenti in Israele.

I rapporti mensili dell'associazione comprendono sempre una testimonianza personale di uno degli operatori sanitari. Nell'agosto 2009 il dottor Michael Sternberg, un pediatra in pensione, scriveva: «Durante l'ultimo anno nell'ambulatorio di *Physicians for Human Rights* a Jaffa ho visitato alcuni profughi provenienti dal Darfur e dall'Eritrea. È facile imma-

---

[61] *Israel Nobel Laureate calls for release of all Hamas prisoners*, Haaretz on line, 10 ottobre 2009.

ginare in quali condizioni orribili crescano i loro bambini, con una minaccia di espulsione sempre incombente. Il paragone con le sofferenze di altri gruppi di rifugiati di guerra e affamati, inclusi quelli del nostro popolo, mi è sembrato inevitabile. Ho l'impressione - continuava il dottor Sternberg - che il mio piccolo contributo all'équipe medica della clinica sia come una goccia nell'oceano. Ma è una goccia che - per quanto piccola - aiuta ad alleviare delle sofferenze e migliora le condizioni cliniche dei nostri pazienti. Un piccolo miracolo medico e umano che diventa realtà a Jaffa[62]».

C'è, però, anche un luogo privilegiato dove in Terra Santa la sofferenza diventa sorprendentemente occasione di incontro. Un edificio maestoso nel cuore di Gerusalemme, a due passi dalle mura, proprio tra la Porta Nuova e *Jaffa road*. Si tratta dell'ospedale Saint Louis delle suore di San Giuseppe dell'Apparizione, una congregazione francese che è presente in Terra Santa da oltre 150 anni. Iniziarono a curare i malati in una casa privata; fino a quando una donazione di un ricco pellegrino non permise loro di costruire, nel 1881, quello che ancora oggi nella Città Santa tutti chiamano l'Ospedale francese. Il luogo in cui fu edificato era destinato a segnare la sua storia: a metà strada tra *Meà She'rim*, il quartiere degli ebrei ultra-ortodossi, e la Porta di Damasco, il cuore della Gerusalemme araba. Non a caso tra il 1948 e il 1967 - negli anni della divisione della città - sarebbe finito nella *terra di nessuno*, la zona cuscinetto tra le parti controllate dai giordani e quelle nelle mani di Israele. Una posizione che è diventata anche una vocazione ad accogliere tutti. «Abbiamo tuttora due porte di ingresso - ha raccontato in un'intervista suor Monika Dullman, la religiosa tedesca che oggi dirige l'ospedale -: una su quello che era un tempo il lato giordano, l'altra sul retro, dove c'era l'ingresso israeliano. E ancora oggi molte persone non vogliono entrare dalla parte israeliana e viceversa».

Oggi il Saint Louis è un ospedale in cui si praticano le cure palliative: accoglie malati di cancro in fase molto avanzata, pazienti in coma, malati di Aids. Sono una cinquantina i posti letto, che in continuità con la storia di questa struttura sono assegnati indistintamente a ebrei, cristiani e musulmani. Può capitare che si trovino anche nella stessa stanza. «La nostra filosofia è il maggior benessere dei malati - continua suor Monika -. Tra di loro c'è una grande solidarietà, che abbatte ogni differenza: soffrono,

---

[62] Testimonianza tratta dal sito www.phr.org.il.

piangono insieme e si aiutano. Sono i malati a offrirci il dono della pace e la testimonianza di un'umanità straordinaria: convivono in pace e condividono tra loro le sofferenze».

È un ponte si sorregge sulle spalle delle persone più fragili. Ed è un'immagine molto meno paradossale di quanto sembri. Questi uomini e queste donne portati dalla malattia a fare i conti con ciò che è essenziale nella vita, sono un segno potente: si preparano a morire insieme, in un clima che non è di odio ma di condivisione. E offrono un'indicazione di percorso che - a saperla ascoltare davvero - porterebbe anche molto lontano dal Saint Louis. «Ci deve essere rispetto e la persona deve essere messa al centro - sintetizza suor Dullman -, solo così accadono cose che altrove sono impossibili. È quello che io chiamo il miracolo della misericordia[63]».

Questo genere di miracoli, in Terra Santa, ha raggiunto forse il suo culmine in due storie tra loro in qualche modo parallele: quelle del palestinese Ahmed al-Khatib e dell'ebreo scozzese Yoni Jesner, due vittime di questo conflitto la cui morte si è trasformata in un messaggio di vita per tutti. Due vicende in qualche modo agli antipodi rispetto alla guerra delle ambulanze, con cui abbiamo aperto questo capitolo.

Ahmed era un ragazzino di appena dodici anni quando a Jenin è finito vittima di una tragedia in un giorno di festa. Nel campo profughi in cui viveva c'è sempre tensione; e allora è capitato che - nel giorno dell'*Eid al-Fitr* del 2005 - un soldato israeliano abbia scambiato per un'arma vera il fucile giocattolo con cui il piccolo stava giocando. Così il militare gli ha sparato. L'errore è apparso subito chiaro, Ahmed è stato portato in fretta al *Ramban Medical Center* di Haifa, il più vicino centro di rianimazione. Ma non c'è stato nulla da fare, e quando è apparso chiaro i medici hanno chiesto alla famiglia se acconsentiva alla donazione degli organi. A noi può sembrare ormai una domanda di *routine* negli ospedali; ma per un papà e una mamma palestinesi, in quella situazione, significava dare il proprio consenso al fatto che gli organi del proprio figlio andassero ad allungare la vita ad alcuni ragazzi israeliani come il soldato che aveva premuto il grilletto. Una scelta non facile, ma Ismahil e Abla - i genitori di Ahmed - hanno comunque detto di sì. E con loro si è schierato anche l'imam di Jenin. Grazie a questa scelta, cinque persone oggi in Israele vivono con gli organi del ragazzino palestinese. Ismahil al-Khatib è un sostenitore della

[63] Ilaria Pedrali, *La casa della misericordia*, Terrasanta, gennaio-febbraio 2010.

causa palestinese: quando l'ho incontrato portava al collo la bandiera e il suo avvocato denunciava il fatto che l'esercito israeliano non abbia pagato alcun risarcimento per quel drammatico errore. Ma a chi a Jenin contesta la sua scelta di donare agli israeliani gli organi di suo figlio, lui risponde: «I bambini non sono i miei nemici».

Tra coloro che hanno beneficiato del gesto della famiglia al-Khatib c'è anche Menuha Levinson, una ragazzina di una famiglia ultra-ortodossa. Subito dopo il trapianto il padre si era lasciato sfuggire una frase per cui poi ha dovuto chiedere scusa: «Avrei preferito - disse - che a donare il rene fosse stato un bambino ebreo». Quella storia, però, non è finita lì: il regista tedesco Marcus Vetter ha voluto realizzare un documentario sulla vicenda del piccolo Ahmed; lo ha intitolato *Il cuore di Jenin*. E per girarlo è andato insieme a Ismahil al-Khatib a incontrare le famiglie dei ragazzi che ora vivono grazie agli organi di suo figlio. Nel film si vede anche l'incontro con i Levinson; un faccia a faccia certamente più impacciato degli altri («il mio gesto li turba molto più di quanto succederebbe se fossi un terrorista», commenta amaramente a un certo punto del film Ismahil[64]). Eppure il dono resta; e il fatto stesso che i Levinson abbiano accettato l'incontro testimonia come i ponti possano restare in piedi persino nelle situazioni più difficili.

Anche perché pure dall'altra parte c'è qualcuno disposto a gettarli. Ed è - appunto - la storia della famiglia di Yoni Jesner, giovane ebreo di nazionalità scozzese, morto nel settembre 2002 a 19 anni in un attentato suicida mentre era sull'autobus numero 4 a Tel Aviv. Yoni era in Israele perché studiava in una *yeshivà*, una scuola talmudica, prima di tornare a Glasgow, dove si sarebbe iscritto alla facoltà di medicina. Era un giovane che viveva la sua religiosità all'insegna della solidarietà. Proprio la sua grande attenzione nei confronti degli altri rimane impressa leggendo ciò che ha lasciato scritto nel suo diario. Massime del tipo: «Quando qualcuno ti confida qualcosa di sé ascoltalo sempre», «Dare sempre e prendere raramente ti rende amato e a tuo agio con te stesso», «Cerca sempre il positivo, nelle persone come nelle situazioni»...

Proprio in continuità con il tipo di persona che era Yoni la sua famiglia ha deciso di acconsentire alla donazione degli organi. E anche in questo caso si è trattato di un gesto che ha scavalcato le barriere del conflitto: uno dei suoi reni è stato infatti trapiantato a una bambina palestinese di sette

---

[64] Rasha Khayat, *Donation across the Divide*, articolo apparso sul sito Qantara.de, 2009.

anni, Yasmin Abu Ramila, residente a Gerusalemme est, che era da due anni in attesa di un organo compatibile. «La nostra famiglia è fiera che da questa tragica situazione Yoni sia riuscito a dare nuova vita ad altri - commentò a caldo Ari, il fratello di Yoni -. Dal nostro punto di vista il principio più importante è che la vita sia stata restituita a un altro essere umano. Quale sia la sua religione, nazionalità, cultura o credo religioso non è la cosa che conta». «Non so come ringraziare la famiglia della vittima dell'attentato - fu, invece, il commento di Dina Abu Ramila, la madre della bambina -. Provo compassione per il loro dolore e li ringrazio per questa donazione che ha salvato la vita di mia figlia[65]».

Ahmed e Yoni, due storie da leggere insieme. Il ragazzino cresciuto nella «Jenin dei terroristi» e lo studente della *yeshivà:* due persone tra loro lontane anni luce, che nella Terra Santa di oggi mai si sarebbero incontrate; eppure entrambi capaci di seminare solidarietà anche oltre le barriere. Due volti per dire come è proprio dalle ferite che spesso può nascere davvero qualcosa di nuovo.

---

[65] *Lo sdegno della famiglia Black per le accuse di Aftonbladet*, articolo tratto dal *Jerusalem Post* del 1 settembre 2009, tradotto in italiano dal sito Israele.net.

I ragazzi

C'è una cosa che non mi piace affatto in un certo modo di fare informazione su questo conflitto: è il pietismo riguardo a bambini e ragazzi. È il metodo della lacrimuccia facile, che riemerge puntuale in ogni guerra: se vuoi suscitare emozioni forti racconta la storia di una vittima che abbia meno di dodici anni. Fai vedere i suoi giocattoli tra le macerie o la sua cartella insanguinata: chi potrà rimanere indifferente?

Funzionasse davvero il conflitto tra israeliani e palestinesi sarebbe già finito da un pezzo. Da Mohammed al Doura, il piccolo palestinese del contestatissimo filmato di *France 2* divenuto un'icona della seconda *intifada*, fino ad Avraham, Hemda e Raya, i tre fratellini israeliani di due, quattro e quattordici anni morti nella strage alla pizzeria Sbarro a Gerusalemme, di storie strappalacrime su questa moderna versione della strage degli innocenti ne abbiamo sentite a iosa. Ma non è servito a nulla: ogni volta chi combatte questo conflitto - ma anche noi tutti che lo osserviamo da lontano - abbiamo tranquillamente voltato pagina. Anche perché i minori violentati dalla guerra solitamente erano *i nostri*, mai quelli *degli altri*.

Per capire fino in fondo quanto lo sdegno sia ormai una parola vuota rispetto al dramma dei piccoli del Medio Oriente, bisogna allora avere il coraggio di aprire un sito internet: quello di *Remember These Children*[66]. Si tratta di un progetto comune promosso da quattro realtà che lavorano per la pace: *American Educational Trust, Americans for Middle East Understanding, Israeli Committee Against House Demolition* e *Parents Circle*. Ed è un sito che nasce con un'unica finalità: ricordare tutti i minori che dal 2000 a oggi sono morti a causa di questo conflitto. Di ciascuno viene offerto il nome, accanto alla data e alle circostanze della morte, senza alcun altro commento. E l'elenco viene aggiornato in tempo reale. Sapete quanti erano all'inizio del mese di aprile del 2010? In tutto 1.568, di cui 1.444 palestinesi e 124 israeliani. Ora, si può discutere all'infinito - e puntualmente lo si è fatto - su chi sia davvero il responsabile di queste morti. Ma numeri del

---

[66] L'indirizzo è www.rememberthesechildren.org.

genere dicono una cosa sola: che la morte dei ragazzi e dei bambini non è l'eccezione, ma la quotidianità di questo conflitto.

Ma c'è di più. La lacrimuccia facile è sbagliata anche perché illude che i più piccoli siano vittime collaterali di questo conflitto. «Ci vanno di mezzo loro», diciamo. Ma così non cogliamo una verità molto più atroce: anche bambini e ragazzi sono dei protagonisti nella guerra tra israeliani e palestinesi. Ci scandalizziamo quando il sito *Palestinian Media Watch*[67] rilancia con clamore la traduzione di qualche filmato registrato dalla tv palestinese in cui compare un bambino piccolissimo che dice cose irripetibili nei confronti degli ebrei. Sarebbe bello se ci scandalizzassimo allo stesso modo anche quando qualcuno a Gerusalemme porta i ragazzini di qualche *yeshivà*[68] della destra religiosa a sfilare per le strade del quartiere musulmano della Città Vecchia gridando slogan carichi di altrettanto odio contro gli arabi. Ma la verità è che solo gli ingenui possono ancora permettersi di scandalizzarsi per episodi del genere: da che mondo è mondo i bambini sono delle spugne, assorbono quello che trovano intorno a loro. E allora che cos'altro potrebbero dire o fare oggi in Israele e in Palestina?

I più piccoli dentro a un conflitto non sono l'isola felice, spensierata, da salvaguardare. Sono una delle forze in campo; tra l'altro in Medio Oriente sono anche tanti: anche per questo, allora, è decisivo (e niente affatto scontato) averli tra i costruttori di pace. Bisogna, però, saper proporre loro una pace vera; perché questi ragazzi diventati grandi tra kamikaze ed F16 al mondo delle favole giustamente non ci credono più. Sono loro i primi a dire che non bastano i buoni sentimenti; per lasciarsi convincere a credere nella pace pretendono percorsi seri. E qualche volta capita che li trovino.

Una testimonianza importante in questo senso sono, ad esempio, quelle scuole che hanno scelto di porre la pace al centro del proprio sistema educativo. L'esempio più noto è quello della scuola di Nevé Shalom/Wahat al Salam, il villaggio dove arabi ed ebrei da quasi quarant'anni ormai vivono insieme in condizione di parità[69]. La scuola è una delle realtà più importanti di questa esperienza, perché il suo servizio va oltre i confini del villaggio: nell'anno scolastico 2009-2010 l'hanno frequentata 210

---

[67] Il Palestinian Media Watch è un'associazione israeliana che effettua un monitoraggio sui media palestinesi per denunciare i casi in cui vengono utilizzati per incitare all'odio contro Israele e gli ebrei. Le sue denunce appaiono sul sito internet www.palwatch.org.

[68] Le *yeshivà* sono le scuole gestite dai religiosi dove i ragazzi imparano a conoscere la *Torah*.

[69] Fondato dal domenicano padre Bruno Hussar, grande testimone di pace in Terra Santa, Nevé Shalom/Wahat al Salam ("Oasi di pace") si trova su una collina poco lontano dalla città di Ramle. Per saperne di più: Giorgio Bernardelli, *Oltre il muro, op.cit.*, pp. 55-62.

ragazzi delle classi che vanno dalla prima alla sesta, a cui vanno aggiunti i 18 del pre-scuola e altri 28 dell'asilo. Arrivano qui da un raggio di cinquanta chilometri perché i loro genitori hanno scelto un modello educativo basato sul bilinguismo e sul multiculturalismo. Non è semplicemente una scuola elementare in cui si impara a parlare sia l'arabo che l'ebraico. È soprattutto una scuola dove, tendenzialmente, gli alunni dei due gruppi etnici sono sempre più o meno lo stesso numero. E che nel suo calendario ricorda la commemorazione della *Shoah* come la Giornata della terra, la Festa dell'indipendenza d'Israele come il Giorno della Nakbà, in cui i palestinesi ricordano dal punto di vista dei vinti quella stessa guerra del 1948. E poi c'è la Settimana della democrazia, in coincidenza con l'anniversario dell'assassinio di Yitzhak Rabin.

Al di là delle ricorrenze, è lo sguardo a ciò che succede intorno alla scuola la sfida più impegnativa. Quella che insegna anche il realismo della pace. «L'anno scolastico 2008-2009 - racconta uno degli educatori - è stato uno dei più difficili. L'impatto emotivo della guerra a Gaza è stato pesante sui ragazzi. In classe avevamo alcuni palestinesi che hanno dei parenti a Gaza e alcuni israeliani i cui parenti vivono nei villaggi sul confine, quelli che vengono colpiti dai *Qassam*. Abbiamo capito come il conflitto tra i nostri popoli sia molto più profondo di quanto pensassimo. Ma la nostra speranza è che entrambe le parti comprendano che non c'è una soluzione militare; che l'unica strada possibile è quella dell'incontro nonviolento e del dialogo che portiamo avanti qui»[70].

La scuola di Nevé Shalom/Wahat al Salam è la più nota iniziativa di questo genere in Israele. Ma non è più l'unica e nemmeno la più grande. Dal 1997 è partita infatti anche l'esperienza di *Hand in Hand* ("mano nella mano" in inglese, ma è conosciuta anche con l'espressione equivalente ebraica *Yad B'Yad*). Anche questa è una scuola in cui arabi ed ebrei studiano insieme; e la cosa più significativa è che è partita proprio a Gerusalemme. L'idea è nata dall'esperienza concreta di due genitori-educatori, l'insegnante arabo Amin Khalaf e l'attivista ebreo Lee Gordon. I loro figli frequentavano entrambi il *Peace Pre-School* al *Ymca,* il campus ecumenico legato all'omonima associazione americana presente a Gerusalemme fin dal 1878 proprio di fronte al *King David Hotel.* Dalla constatazione diretta

---

[70] Anwar Dawood, *The school in 2009-2010*, testo tratto dal sito internet di Nevé Shalom/Wahat al Salam.

che cosa può dare ai bambini l'esperienza di crescere insieme, giorno per giorno, è nata l'idea di creare qualcosa che permettesse loro di stare nella stessa classe anche durante il percorso scolastico.

Se c'è infatti un posto dove la segregazione è fortissima sono proprio le scuole di Gerusalemme. Nonostante tutta la retorica sulla "Gerusalemme riunificata" e sull'assenza di distinzioni tra i quartieri della parte ovest e quelli della parte est, la realtà facilmente verificabile da chiunque è che nella Città Santa ci sono le scuole degli ebrei e le scuole degli arabi. Nonostante a volte abitino persino a poche decine di metri di distanza gli uni dagli altri, crescono in due mondi paralleli. La scuola di *Hand in Hand* nel 1997 è nata, dunque, proprio per rompere questo isolamento. È partita in piccolo con appena 50 ragazzi - arabi ed ebrei - iscritti a una prima elementare. Ma anche qui - come a Nevé Shalom/Wahat al Salam - in pochi anni l'idea ha fatto molta strada. Perché oggi *Hand in Hand* non è più solo a Gerusalemme: fin dall'inizio una seconda scuola gemella è partita a Misgav in Galilea, la regione del nord dove è numericamente più forte la comunità degli arabi israeliani. Poi - nel 2004 - è stata la volta di Kfar Kara, una cittadina che si trova nel Wadi Ara, cioè proprio in una delle zone dove nell'ottobre 2000[71] gli scontri furono più violenti. L'ultima nata - nel 2007 - è poi la scuola di Beer Sheva, la grande città del sud del Paese, ai confini con il deserto del Negev, ad appena cinquanta chilometri da Gaza. Intanto la scuola di Gerusalemme ha trovato casa in un luogo molto significativo: in un'area situata tra il quartiere ebraico di Pat e l'ex villaggio arabo di Beit Safafa. Un'area lontana dalla Città Vecchia, ma ugualmente strategica: si trova infatti a sud, nella zona del moderno quartiere di Malha, dove in questi anni sono sorti il grande centro commerciale, la stazione ferroviaria, lo stadio.

Sono dunque diventate quattro, oggi, le scuole di *Hand in Hand*. E nello stesso tempo sono cresciute anche le classi. A differenza della scuola di Nevé Shalom/Wahat al Salam, questa esperienza non si è fermata al ciclo primario. Così i 50 ragazzi con cui il progetto iniziò nel 1997 adesso - sempre qui dentro - stanno finendo l'*High School* e altri ogni anno si sono

---

[71] Quando si parla dello scoppio della seconda *intifada* tutti pensano subito agli scontri scoppiati a Gerusalemme e nei Territori seguiti alla famosa visita di Ariel Sharon sulla Spianata delle moschee. Si tende però a dimenticare che ci furono scontri molto duri anche nel nord di Israele che per la prima volta hanno visto coinvolti anche gli arabi israeliani. La durissima repressione ordinata da Ehud Barak portò a 13 morti tra gli arabi israeliani. Da questo punto di vista l'ottobre 2000 è una data spartiacque: è da allora che in Israele la questione "interna" della minoranza araba è diventata incandescente.

aggiunti. Ma la stessa cosa è successa anche a Misgav e - anno dopo anno - anche nelle altre due scuole gli alunni crescono. Oggi, dunque, sono complessivamente un migliaio i ragazzi che studiano in questi istituti. E anche a Tel Aviv e ad Haifa ci sono gruppi di genitori che vorrebbero far partire un'esperienza del genere. Sono risultati che si devono anche alla capacità dell'associazione di far capire a tanti donatori stranieri quanto sia importante un progetto del genere[72]: anche questo è un ingrediente indispensabile per costruire la pace.

«Quelle di *Hand in Hand* - rifletteva qualche tempo fa Lee Gordon sul sito dell'associazione - non sono scuole normali, come Israele non è un Paese normale. La maggior parte delle scuole misura i propri risultati a partire dagli obiettivi scolastici raggiunti dai propri studenti. Se ci fermiamo a questo livello l'esperienza di *Hand in Hand* sicuramente funziona: i nostri studenti - sia ebrei sia arabi - fanno registrare punteggi regolarmente superiori a quelli medi degli studenti israeliani nei test valutati attraverso procedure standard a vari livelli. Ma il nostro appassionato investimento nel modello bilingue e multiculturale di *Hand in Hand*, mira a qualcosa di più profondo e più difficile da quantificare. In maniera formale e informale i nostri studenti imparano la propria lingua e la propria cultura in rapporto con quella dell'altro. Imparano a valorizzare la propria identità senza denigrare quella altrui. Acquisiscono le doti e le esperienze necessarie per vivere in una società pacifica, diversa rispetto a quella attuale. Quando siamo nati nel 1997 - conclude Gordon - molti contestavano l'idea di scuole che integrassero tra loro ragazzi ebrei ed arabi. *Hand in Hand* ha aiutato molta gente in Israele a guardare in modo diverso all'educazione, e in questa maniera molto semplice sta avendo un impatto che va oltre le scuole stesse».

In Terra Santa non c'è, però, solo la scuola a educare i ragazzi a diventare costruttori di ponti. Un'altra esperienza molto significativa è quella di *Windows-Channels for communication*, la rivista scritta a quattro mani da adolescenti israeliani e palestinesi.

Entri nella sede, in uno scantinato di *Lilienblum Street* a Tel Aviv, e dai mucchi di riviste accatastate riconosci subito la sana confusione che regna in ogni redazione. Eppure *Windows-Channels for communication* è qualcosa di più di un semplice giornale. Perché a scriverlo in due lingue - in ebraico e in

---

[72] Per conoscere le modalità per sostenere *Hand in Hand* si può consultare il sito www.handinhandk12.org.

arabo - sono un gruppo di adolescenti che stanno sia in Israele sia nei Territori Palestinesi. Con un obiettivo più importante rispetto a una manciata di fogli di carta patinata: provare ad aprire delle *finestre* nei muri di incomprensione dentro cui crescono i ragazzi del conflitto israelo-palestinese.

Quella di *Windows* è un'altra delle storie che ho già descritto qualche anno fa in *Oltre il muro*[73]. Mi limito qui a ricordare che è nata copiando l'esempio di una rivista analoga realizzata in Sudafrica, per superare il problema dell'*apartheid*. Vi aderiscono piccole squadre di ragazzi israeliani e palestinesi che - pur lavorando per la maggior parte del tempo a distanza - interagiscono tra loro grazie a un team di educatori. Ciò che, però, mi preme di più raccontare questa volta è quanto è successo negli ultimi anni. Perché questa esperienza mi sembra emblematica della fatica che è richiesta a ogni persona che crede nel dialogo. Non basta avere una bell'idea: occorre anche sapersi mettere in discussione e reinventarsi continuamente. Solo così si educa davvero alla pace. Ad esempio oggi come oggi *Windows* è una rivista che esce quando può: c'è l'anno in cui arriva un finanziamento dell'Unione europea e allora si realizzano anche otto numeri; ma c'è anche l'anno delle vacche magre e allora il pacchetto di riviste stampate si riduce drasticamente. Però i ragazzi israeliani e palestinesi continuano a lavorare nello stesso identico modo. Perché metterli tra loro in comunicazione è più importante del *prodotto* realizzato.

Ma si possono incontrare ostacoli anche più seri. «Accanto a quella di Tel Aviv - racconta la fondatrice di *Windows*, Rutie Atzmon - abbiamo avuto per alcuni anni una sede a Tulkarem, nei Territori. Poi però ce l'hanno bruciata; qualcuno gli ha sparato contro anche dei colpi d'arma da fuoco. È stato un momento molto difficile. Tanti palestinesi appoggiano le nostre attività, ma altri no. E così a Tulkarem stava diventando pericoloso. I nostri amici sul posto volevano continuare, ma non ce la siamo sentita di assumerci la responsabilità, specialmente per un'attività che coinvolge i ragazzi. Così adesso i gruppi palestinesi che partecipano al progetto si incontrano in scuole o in sedi di altre organizzazioni».

Eppure *Windows* va avanti. Scommettendo soprattutto sul contributo specifico che dentro a un conflitto può offrire un'esperienza come la scrittura. «Scrivendo questi ragazzi imparano a conoscere se stessi, gli altri e il mondo che li circonda - spiega Rutie -, cominciano a cambiare i propri sentimenti e le proprie paure. È vero: di persona i ragazzi riescono a in-

---

[73] Giorgio Bernardelli, *Oltre il muro, op.cit.*, pp.121-128.

contrarsi poche volte, ma tra un incontro e l'altro comunque si scrivono. E così iniziano a parlarsi davvero in profondità. Perché spesso quando ci si incontra non si dice tutto o non ci si ascolta realmente. Ma se scrivi è diverso. E il compito di noi facilitatori, che seguiamo passo dopo passo tutto questo processo, è proprio aiutarli. Chiediamo loro: Che cosa provi? Che cosa vorresti dire? Che cosa ti ha insegnato questa esperienza? Così si impara a conoscersi e rispettarsi l'un l'altro».

Attorno alla rivista sono nati poi anche altri progetti. «Un'iniziativa a cui teniamo molto - continua la fondatrice di *Windows* - è la *gallery* della *children art*, l'arte dei bambini. È uno dei modi attraverso cui coinvolgiamo le scuole. Chiediamo ai ragazzi di esprimere i propri sentimenti rispetto al conflitto: alcuni disegnano la guerra, altri disegnano la pace, altri i propri sogni. Abbiamo esposto questi disegni in tante realtà diverse, così la gente può vedere, immedesimarsi nello stato d'animo di questi bambini che magari stanno dall'altra parte della barricata. In questo senso anche attraverso i disegni si apre una finestra».

Ritorniamo, però, al problema da cui siamo partiti: serve davvero aprire delle finestre tra i piccoli quando tra gli adulti i muri si fanno ogni giorno più alti? «Dietro al voto di Israele per la destra - commenta Rutie Atzmon - c'è la sfiducia nei palestinesi. Un discorso analogo, però, si potrebbe fare anche per quello che succede a Ramallah. È una situazione molto complessa. Perché, nello stesso tempo, molte di queste stesse persone vorrebbero i due Stati. È vero, a volte la gente è talmente stanca di questo conflitto che sceglie la violenza. Ma può farlo solo perché chiude gli occhi su chi sta dall'altra parte. Non vede la possibilità di parlare, di ascoltarsi, di discutere davvero. Noi abbiamo il compito di ricordare che è possibile. È una parte rilevante del problema: convincere la gente che abbiamo qualcosa da guadagnarci se impariamo a comprenderci l'un l'altro. Se l'adolescente israeliano capisce che cosa significa vivere sotto l'occupazione e il diritto dei palestinesi ad avere un proprio Stato, cambia tutto. E se l'adolescente palestinese capisce che Israele non è un incidente della storia o un frutto del colonialismo europeo, ma c'è un legame storico forte con questa terra, diventa più facile accettare l'idea che si debba arrivare a un compromesso. Solo così capiranno che devono lavorare insieme per creare questo cambiamento».

È una strada che resta complessa e faticosa, così come lo è qualsiasi percorso educativo. Anche su questo dobbiamo essere franchi. Perché c'è la tentazione di guardare alle attività dei ragazzi come all'uovo di Colombo. «Noi investiamo sul futuro», può diventare anche una bella scusa; un modo per evitare di guardare alle contraddizioni del presente. E allora voglio concludere questo capitolo raccontando un'ultima storia legata a *Hand in Hand*. Un fatto che non troverete mai nelle *brochure* di presentazione, ma che invece secondo me è importante ricordare, perché rende quest'esperienza un fatto ancora più vero. È la storia della signora Dalia Peretz, la direttrice della scuola di Gerusalemme, una persona che ha dato un contributo straordinario alla crescita di questa realtà. Una donna cresciuta in una famiglia di ebrei fuggiti dal Marocco. Un'educatrice convinta del fatto che «nella nostra società divisa, l'incontro tra ragazzi arabi ed ebrei può funzionare solo se si percepiscono come uguali, senza alcun sentimento di alienazione».

Dalia Peretz è la sorella di Amir Peretz, l'ex sindacalista che è stato per un anno e mezzo il leader del Partito laburista israeliano. Dalia e Amir sono cresciuti insieme a Sderot, la città israeliana sul confine con Gaza su cui da anni piovono i razzi *Qassam*. Delle attività sul dialogo con gli arabi di Dalia e di sua cognata Ahlama - la moglie del politico - in Israele si parlò molto alla fine del 2005, quando a sorpresa Amir Peretz vinse contro Shimon Peres le primarie del Partito laburista israeliano[74]. Si disse che anche la vicinanza personale con questo tipo di esperienze era una dote che il nuovo leader portava ai vertici della politica israeliana. E alle elezioni del marzo 2006 Peretz andò abbastanza bene: nonostante la novità *Kadima* (il nuovo partito di Sharon a cui nel frattempo Peres aveva aderito) i laburisti erano riusciti a invertire il trend negativo, riguadagnando qualche posizione. Fu proprio in forza di questo risultato che Peretz entrò nel governo Olmert con un incarico importante, quello di ministro della Difesa. Fu una piccola svolta: alla guida del dicastero responsabile delle forze armate dopo anni non andava un ex-generale, ma un politico che tra i suoi trascorsi aveva anche le manifestazioni di *Peace Now*. Com'è andata a finire? Con la seconda guerra del Libano dell'estate 2006, il conflitto scandito dai 33 giorni di durissimi bombardamenti sul Paese dei Cedri come risposta al rapimento di alcuni soldati israeliani. E dai razzi *katyusha* sparati da *Hezbollah* che hanno seminato la paura su tutto il nord di Israele. Un anno dopo, puntuale, c'è stato il ritorno dell'ex capo di Stato maggiore Ehud Barak alla guida del Partito laburista israeliano (e al ministero della Difesa).

---

[74] Akiva Eldar, *Getting to know the neighbors*, Haaretz, 25 novembre 2005.

Ci si potrebbe chiedere: questa parabola di Amir non è, in qualche modo, anche una sconfessione del lavoro portato avanti da sua sorella Dalia Peretz? Non è la conferma che certe cose funzionano solo quando si ha a che fare con un gruppo di bambini e che *nel Medio Oriente vero* non c'è posto per il dialogo? Io credo di no. Penso piuttosto che questa storia insegni ancora una volta ad andare oltre gli stereotipi sul conflitto. Perché la cosa più difficile da accettare è proprio il fatto che le sue contraddizioni attraversino anche la vita delle persone. Spaccare il mondo a metà - mettendo da una parte quanti "sono per la pace" e dall'altra quanti "vogliono la guerra" - è un'operazione molto semplice; ma non è detto che sia anche il modo più onesto di fotografare la realtà.

Ed è per questo che la pace non può fare a meno dei ragazzi. Perché loro sono quelli più imprevedibili: testardi nel metterti alle strette, inquieti per definizione, ma nello stesso tempo capaci di sorprenderti con gesti che non avresti mai pensato. Abbiamo bisogno di loro per andare oltre le nostre ricette preconfezionate, che alla prova dei fatti non funzionano mai. Le scuole non servono a *insegnare* come si fa la pace. Sono un luogo dove si prova a costruirla. E dove si impara a ricominciare sempre da capo ogni volta che qualcosa ti porta a rimettere tutto in discussione. Ecco perché *Hand in Hand* (e tutte le altre esperienze analoghe) oggi sono più preziose che mai. Sì, sono cose da bambini. Ma è proprio grazie a questo che lì si fa sul serio.

La lingua

Non ci può essere pace se non si parte da una lingua attraverso cui parlarsi. Può sembrare un'immagine allegorica, invece è un problema anche molto concreto in Israele e in Palestina. Perché i due popoli parlano due lingue tra loro diverse. E anche le parole possono diventare una barriera molto rigida. Negli anni della seconda *intifada* la parola ebraica che i palestinesi avevano più spesso sulle labbra era *makhsom*, il termine ebraico che sta a indicare il *check-point*. Al contrario la parola araba che un israeliano pronunciava in continuazione era *shahid*, il termine utilizzato per indicare l'attentatore suicida. Detto in altri termini: la lingua dell'altro non era più solo un codice espressivo differente, ma qualcosa di molto simile a una minaccia.

Non stupisce - allora - che in questi ultimi anni sia andato crescendo anche un fronte linguistico nel conflitto israelo-palestinese. Non c'è più solo il discorso delle definizioni diverse della stessa cosa ("muro" o "barriera di difesa" per descrivere lo stesso oggetto, ma da due punti di vista differenti). Adesso è proprio la lingua come espressione di un'identità nazionale a entrare in gioco. Lo si vede in maniera chiara soprattutto in Israele, Paese dove oltre il 20 per cento della popolazione oggi è di etnia araba (o "palestinese con cittadinanza di israeliana", come preferiscono dire molti di loro). Per questo motivo il bilinguismo è una necessità sancita dalla legge. Il problema - però - diventa: quale arabo?

Nelle scuole pubbliche ai ragazzi si insegna un po' di arabo classico, con risultati non esaltanti. Il parroco francescano di Jaffa, di origine libanese, mi ha raccontato un aneddoto significativo: «Sono arrivato qui - ricorda padre Toufic Bou Merhi - e la prima cosa che ho fatto è stata radunare i giovani. Ho organizzato una bella serata, una proiezione del film *Fratello sole e sorella luna*. Pochi minuti ed è cominciato il brusio. Mi sono accorto che questi ragazzi - tutti arabi - non capivano quasi nulla della mia videocassetta in arabo...». Al di là delle lacune scolastiche c'è, però, anche un problema molto più radicale: l'arabo in Israele deve essere una lingua con una sua dignità o solo una mera traslitterazione dell'ebraico? A spiegare molto bene questo tipo di problema è la "guerra dei segnali stradali". Qualche anno fa la Corte

Suprema ha riconosciuto il diritto degli arabi israeliani a vedere tutelata la propria lingua. Così tutti i cartelli stradali in Israele oggi sono in tre lingue: ebraico, arabo e inglese. Il problema - però - è che per molte città il nome arabo è diverso da quello ebraico. L'esempio più noto è quello di Gerusalemme, che gli ebrei chiamano *Yerushalayim*, mentre per gli arabi è *al-Quds*. Stessa identica città, due nomi diversi. Finora i cartelli stradali non avevano fatto altro che riportare il nome con cui ciascuno chiama quella città. Nell'estate 2009, però, il ministro dei Trasporti Yisrael Katz ha deciso che bisogna cambiare: va bene tenere i cartelli in tre lingue (del resto avendolo detto la Corte Suprema non si può fare diversamente), ma le indicazioni in arabo e in inglese devono essere semplici traslitterazioni del nome ebraico. Katz, così, ha preparato un piano che dovrebbe uniformare i nomi di ben 2.500 tra città, paesi e villaggi. Così, tanto per fare un altro esempio, Nazareth diventerebbe Natsrat.

Perché questa improvvisa furia toponomastica? C'è una ragione oggettiva: negli attuali cartelli ci sono troppe varianti. Per esempio Cesarea appare in quattro diverse forme: Cesarea, Qesarya, Qesariyya e Ceysaria. Fin qui - dunque - saremmo ancora al buon senso. Ma il problema arriva dove la traslitterazione avrebbe un preciso significato politico. «Quasi tutte le comunità israeliane - ha spiegato il ministro Katz - hanno nomi precedenti. Alcune mappe palestinesi ancora oggi indicano le città israeliane con il nome che avevano prima del 1948, in modo da farle sembrare insediamenti. Non permetterò che questo succeda sui nostri segnali. Questo governo, e certamente questo ministero, non permetterà a nessuno di trasformare l'ebraica Gerusalemme nella palestinese al-Quds».

Ovviamente la cosa ha subito suscitato un vespaio di polemiche. Mohammed Barrakeh - che è uno dei deputati arabi alla Knesset - ha risposto al ministro Katz dicendo «che il potere gli ha dato alla testa... Vorrei ricordagli - ha dichiarato - che non può cambiare la natura di un posto. Lui passerà, mentre Shefa-'Amr (una città araba nel nord di Israele *ndr*) rimarrà». Lo stesso ministro per le minoranze Avishay Braverman, ha criticato l'iniziativa del suo collega: «Suggerirei al ministro Katz - ha commentato - di dedicare attenzione ai segnali stradali che mancano nelle comunità arabe, piuttosto che uscirsene con queste idee». Ma il ministro dei Trasporti ha risposto che andrà comunque avanti.

Può sembrare una piccola storia, invece non lo è: sono questo tipo di iniziative quelle che più infiammano gli animi nel conflitto. Questa voglia di cancellare ogni traccia dello sguardo dell'altro. Perché sui segnali stradali a Gerusalemme c'è anche qualcuno che si sta spingendo un po' più avanti del ministro Katz. Nelle stesse settimane *Forward*, uno dei principali quotidiani ebraici americani, ha pubblicato un reportage su un gruppo di ebrei che - a proprie spese - si occupa di riscrivere i nomi arabi sui cartelli delle vie: applicano scritte adesive per ripristinare i nomi che altri hanno cancellato con la vernice. È una forma di vandalismo del tutto particolare: il nome ebraico e quello in inglese rimangono, quello arabo invece sparisce. Chiaro l'intento razzista di chi compie questo tipo di gesti: la lingua diventa un modo per dire che a Gerusalemme non c'è posto per gli arabi.

Ma i pregiudizi non sono mai a senso unico. E allora vale la pena di ricordare anche l'altro versante della guerra delle lingue: il numero esiguo di opere di scrittori ebraici tradotti in arabo. Il caso probabilmente più emblematico è quello di Amos Oz, uno degli scrittori simbolo del pacifismo israeliano. I suoi volumi - in cui spesso emerge chiaramente la coscienza critica di Israele - sono stati tradotti nelle lingue di tutto il mondo. Ma in arabo se ne possono leggere appena tre: *Michael mio*, *Soumchi* e *Una storia d'amore e di tenebra*. Difficile non vedere in questo fatto una barriera che ha a che fare con un pregiudizio. Particolarmente interessante è la vicenda della traduzione di *Una storia d'amore e di tenebra*, il romanzo del 2002 che si ispira alla vita stessa di Amos Oz ed è un affresco straordinario della parabola del sionismo. Questo libro è stato tradotto in arabo nel 2008 grazie al gesto di una famiglia arabo-israeliana che ha capito sulla propria pelle quanto la comprensione reciproca sia una sfida decisiva. A finanziare il lavoro sono stati infatti i genitori di George Khoury, uno studente arabo israeliano ucciso a Gerusalemme nel 2004 mentre faceva jogging a *French Hill*, il quartiere della *Hebrew University*, dove studiava: un attentatore, credendolo un ebreo, gli ha sparato. Un morto "per errore" di questo conflitto. Al punto che la stessa *Jihad islamica*, qualche giorno dopo, ha diffuso un comunicato di scuse. Ma alla famiglia di George, ovviamente, non è bastato. E ha scelto la letteratura per andare al cuore del problema[75].

Un gesto di pace significativo, quello dei Khoury. Che mi piace accostare alla storia che pongo al centro di questo capitolo. Una storia sola, questa volta: quella di fratel Yohanan Eliahi, dei Piccoli fratelli di Gesù, un religioso-linguista che da tanti anni ormai ha messo questa sua competenza al servizio della Terra Santa. Perché fratel Yohanan è stato uno dei pionieri

---

[75] Shiri Lev-Ari, *Family of Israeli Arab terror victim funds Arabic translation of Amos Oz*, Haaretz on line, 9 agosto 2008.

della piccola comunità cattolica d'espressione ebraica, che proprio grazie a lui oggi celebra la Messa nella lingua parlata da Gesù. Ma è anche l'autore del primo dizionario di arabo palestinese, l'arabo effettivamente parlato in Israele e nei Territori, che è un po' diverso rispetto all'arabo classico. Una dimostrazione vivente, dunque, di come il *dono delle lingue* sia un grande segno dello Spirito anche nella Gerusalemme di oggi.

Prima di raccontare la sua storia, però, devo mettere le mani avanti. Parlerò di lui, ma devo confessare che sono riuscito a incontrarlo solo dopo avergli promesso espressamente che non l'avrei intervistato. E infatti abbiamo solo chiacchierato amabilmente per «non più di un'ora» nella cucina del suo appartamento. Quel dialogo davvero non è mai diventato un'intervista. E non solo per rispetto della sua volontà, ma perché una storia così non puoi ridurla a quattro battute sui temi caldi del momento. La verità è che l'incontro con fratel Yohanan è stato per me un'altra lezione importante sulla tentazione del giudizio facile in Terra Santa. Già arrivando a casa sua credo di aver superato un primo test. «È molto difficile venire fin qui», mi aveva detto al telefono, sorprendendomi non poco. Va bene non accettare di parlare per telefono, va bene non voler rilasciare un'intervista, ma adesso anche questa "scusa"? Gerusalemme non è una città così grande, gli autobus funzionano abbastanza bene, che problema c'è ad arrivare a East Talpiot? L'ho capito solo andandoci. Per arrivarci devi accettare che anche in quelle casette bianche dei nuovi quartieri ebraici di Gerusalemme est - le stesse che hai sostenuto mille volte essere uno dei problemi più grossi sulla strada della pace - può abitare un uomo che cerca di costruire riconciliazione. Devi accettare che esista un Piccolo fratello che - sulle orme di Charles de Foucauld[76] - ha scelto di abitare proprio lì. Condividendo la vita di chi risiede in questi nuovi quartieri di Gerusalemme est; dove c'è sì anche l'ebreo americano, sionista convinto, che un giorno ha deciso di compiere l'*aliyah* perché «non si può lasciare che la Città Santa finisca in mano agli arabi»; ma c'è anche tanta altra gente che vorrebbe la pace come tutti gli altri. È solo in quella cucina che puoi cogliere davvero le sottigliezze della lingua dell'incontro, parlata dall'intera vita di fratel Yohanan.

---

[76] Annotazione interessante: proprio la famiglia religiosa che ha nel suo dna il dialogo con il mondo musulmano, a Gerusalemme ha svolto un ruolo importante (ma molto poco conosciuto) nel dialogo tra cristiani ed ebrei. Fu René Voillaume - il fondatore dei Piccoli fratelli di Gesù - a convincere Pio XII ad acconsentire (ancora prima del Concilio) al fatto che a Gerusalemme ci fosse una comunità cristiana che pregava in ebraico.

Si chiamava Jean Leroy prima di scegliere questo nome ebraico. È nato in Francia, ma dal 1956 ormai vive in Israele. «Di famiglia cristiana, ignorando tutto del popolo ebraico - ha raccontato di sé nel suo libro *Ebrei e cristiani. Dal pregiudizio al dialogo*, tradotto in italiano da Qiqajon - è a diciannove anni che scoprii l'orrore della *Shoah*. Pellegrino a Gerusalemme nel 1947, ebbi il mio primo incontro con questo popolo ritornato a vivere, finalmente libero, sulla terra dei suoi avi. E pensavo: "Qui sta succedendo qualcosa di storico, e il mondo cristiano non lo vede"[77]».

Che cosa significasse quel "non lo vede" fratel Yohanan l'ha spiegato in maniera efficace quando - in un lungo articolo pubblicato sulla rivista *Un écho d'Israël* in occasione dei 60 anni di Israele - ha citato un episodio di quel primo pellegrinaggio, compiuto mentre era seminarista a Beirut: «A Gerusalemme la nostra guida, un gesuita francese, non diceva una parola su tutto ciò che era ebreo. Quando ci rimettemmo in viaggio per tornare in Libano gli chiesi perché non passavamo da Tel Aviv. Lui mi rispose seccato: non ci interessa, noi siamo venuti in Terra Santa».

Proprio l'interesse per quelli che Giovanni Paolo II oltre trent'anni dopo avrebbe definito i *fratelli maggiori*, avrebbe scandito invece la vita di fratel Yohanan. Nel 1954 ancora studente di teologia in Francia sarebbe stato lui - grazie a una particolare autorizzazione del cardinale Tisserant, allora prefetto della Congregazione delle Chiese Orientali - a effettuare le prime traduzioni del rito della Messa in ebraico. Poi, nel 1956, l'arrivo in Israele dove, come ogni membro della famiglia religiosa che si ispira a Charles de Foucauld, anche fratel Yohanan ha sempre praticato il lavoro manuale. Per alcuni periodi in un *kibbutz*, poi in un laboratorio di ceramica, infine in una casa editrice. Tutte occasioni per un incontro non teorico ma vivo con il popolo ebraico. Da ceramista a Tel Aviv - nella bottega dell'artista Aharon Kahane - ha lavorato alla preparazione delle scritte dei nomi dei campi di sterminio che allo *Yad Vashem* si trovano nella *Hall of Remembrance*, la sala dove una fiamma arde perennemente in memoria delle vittime e viene ravvivata dalle autorità durante la loro visita (anche Giovanni Paolo II e Benedetto XVI hanno compiuto questo gesto). In quegli anni - racconta il Piccolo fratello - tra i suoi vicini di casa c'era la figlia dell'ex Rabbino capo d'Olanda, che fu ucciso nella persecuzione nazista. Anche lei in Israele c'era arrivata dopo i campi di concentramento, dove da ragazzina aveva conosciuto Anna Frank.

---

[77] Yohanan Eliahi, *Ebrei e cristiani dal pregiudizio al dialogo*, Qiqajon, Magnano 1995.

È con questo mondo che fratel Yohanan ha condiviso la sua vita in Israele. Nel fermento che in quegli anni attraversava la neonata comunità cristiana di espressione ebraica di Tel Aviv. Dove - tanto per citare un esempio - prima ancora che il Concilio la adottasse, si discuteva sulle bozze di quella che sarebbe diventata la dichiarazione *Nostra Aetate*. Ma condividere, in questa Terra Santa da tempo lacerata, significa fare i conti anche con il conflitto. E allora ecco la scelta dei Piccoli Fratelli, nel 1965, di spostarsi al Nord, in Galilea, dove vive la maggioranza degli arabi israeliani. Per fratel Yohannan, che dal 1960 ha preso la cittadinanza israeliana e ha vissuto in prima persona le paure del suo Paese, è la scelta di porsi su una frontiera. Dal villaggio di Tarshiha prima e dalla cittadina di Afula poi non smetterà mai di coltivare i rapporti con il mondo ebraico.

È qui che vive l'esperienza della Guerra dei sei giorni, nel giugno 1967. C'è una sua lettera ai confratelli del novembre di quell'anno in cui racconta il giorno dopo, visto con gli occhi di Israele. «La gioia nell'afflusso al Muro del pianto non ha niente a che vedere con il trionfo del vincitore - spiega -: è una gioia per me inimmaginabile, e tutti, perfino i giovani, perfino i non religiosi sono venuti là in pellegrinaggio. Si avverte in questo il legame con il passato biblico, l'unità del popolo nel tempo e nello spazio. (...) Non credo che (nella guerra *ndr*) ci siano state atrocità accettate in se stesse, sebbene l'uno o l'altro possa perdere il senno nel combattimento. Sarebbe tuttavia infantile accontentarci di questo quadro: non si può dire che tutte le reazioni siano quelle che vorremmo, e qualche volta c'è senz'altro rancore o indifferenza per il soffrire dell'altro. L'uomo medio non ha, purtroppo, la forza di reggere la propria sofferenza e di preoccuparsi nello stesso tempo di quella del suo avversario[78]».

La frontiera di fratel Yohanan passa soprattutto attraverso le storie più quotidiane. «Un ebreo di origine polacca mi invita a casa sua - è un altro episodio raccontato in prima persona nell'articolo su *Un écho d'Israël* -. Gli spiego la nostra bella teoria: "Vivere con i poveri, con quelli che soffrono...". Mi risponde soltanto: "Se vuoi vivere con quelli che soffrono di più non è con noi che devi stare, ma con i palestinesi". Gli ho spiegato che nella nostra famiglia religiosa abbiamo altri fratelli e sorelle che vivono con i palestinesi, e che "se uno adotta un popolo, lo fa per tutta la vita... E poi Israele non soffre più?". Alla fine mi è sembrato soddisfatto di non avermi convinto».

---

[78] Piccoli Fratelli di Gesù, *Come Gesù a Nazaret. Al seguito di Charles de Foucauld*, Edizioni San Paolo, Cinisello Balsamo 2004, pp. 201-202.

È proprio da esperienze come queste, però, che il Piccolo fratello scopre di poter dare un contributo assolutamente originale alla comprensione reciproca. Partendo dalla sua passione per le lingue. Perché in Galilea fratel Yohanan lo vede chiaramente: arabi ed ebrei proprio non si capiscono, manca una lingua per parlarsi. Perché sì, nelle scuole ci sarebbe un po' di bilinguismo. Ma quello che si insegna è l'arabo classico, non l'arabo che viene davvero parlato dai palestinesi. E le differenze non sono cosa da poco: per alcuni verbi e alcuni suffissi la pronuncia cambia radicalmente. Così lui comincia ad annotare vocaboli sui suoi quaderni. Finché non arriva - da un amico editore - la proposta di pubblicare questa miniera preziosa di materiale. In cinque anni di lavoro prende forma un dattiloscritto di 700 pagine, suddiviso in quattro volumi accompagnati da altrettante cassette. Nasce così l'*Olive Tree Dictionary*, il suo volume più importante. Un vero e proprio dizionario di arabo palestinese, tradotto anche in francese e in inglese. *Olive Tree*, cioè albero d'ulivo, proprio a voler indicare lo spirito di pace che sta alla radice di questa iniziativa a carattere scientifico.

Lo spiega molto bene fratel Yohanan stesso in una lettera in cui - nel 1995 - racconta uno dei primi corsi di arabo palestinese tenuti con questo strumento ad ebrei israeliani. «Gli allievi - scrive il Piccolo fratello - sono israeliani di circa trent'anni, che studiano in una scuola superiore per funzionari direttivi in un'atmosfera aperta verso gli altri (ebrei-arabi, laici-religiosi eccetera). Sono loro ad aver richiesto alla direzione di poter imparare l'arabo palestinese. Potete capire quale sia la mia gioia di insegnare questa lingua, a israeliani questa volta. I gruppi sono due, tra le sei e le otto persone, e questo mi permette un lavoro serio. Quando, nella prima lezione, ho insistito sull'importanza di una buona pronuncia non solo per essere compresi, ma anche per rispetto delle persone alle quali appartiene la lingua, hanno fatto cenni di assenso con la testa[79]».

L'opera di fratel Yohanan è ritenuta di grande valore dal mondo dei linguisti. Al punto che l'Università di Haifa, una delle più importanti di Israele, ha deciso recentemente di assegnare al Piccolo fratello una laurea *honoris causa* in filosofia. La cerimonia si è svolta il 4 giugno 2008 in una sessione significativamente dedicata ai sessant'anni di Israele: un modo per dire che anche questo tipo di impegno per la comprensione reciproca deve restare una parte essenziale dell'identità del Paese. «Fratel Yohanan Elihai - ha scritto l'Università di Haifa nella motivazione - è un linguista che gira per le città e i villaggi di Israele. Il suo lavoro diligente, scientifico e rigoroso esprime il suo amore sia per la lingua ebraica sia per la lingua araba. Nonostante il suo lavoro sia avvenuto fuori dalle mura dell'accademia, ha ricevuto un appoggio entusiastico. Fratel Yohanan è un linguista di prima categoria per quel che riguarda l'arabo nei suoi dialetti israelo-palestinesi». Rivestito della toga e del tocco d'ordinanza, il Piccolo fratello il 4 giugno 2008 ha stabilito un altro piccolo record: quello della *lectio magistralis* più breve. « *Todà, shukran, thank you*», si è limitato a dire. *Grazie* in ebraico, in arabo e in inglese. Mai come in questo caso si può dire che in tre parole ci sia dentro una vita intera.

Che non fosse però un "Oscar alla carriera" fratel Yohanan l'ha dimostrato dando alle stampe all'inizio del 2009 un nuovo libro. Forse ancora più prezioso. Si tratta infatti di un *Manuale di conversazione arabo-ebraico per dottori e infermieri*[80]. Un libro di 140 pagine, che viene incontro a un bisogno molto concreto: mira a rendere più facile la comunicazione tra i medici israeliani e i pazienti arabi. Perché se c'è un problema di comunicazione diventa più difficile stabilire una diagnosi e si rischia di proporre terapie sbagliate. Ecco allora questo volume, con le sue 900 frasi idiomatiche suddivise per tipo di patologia, e 900 vocaboli medici ordinati alfabeticamente. Un modo per accrescere la fiducia reciproca tra medico e paziente, al di là delle barriere.

Aprire in ogni situazione canali di comunicazione. Ma senza per questo essere ingenui. Di fronte al muro che oggi separa Israele dai Territori - ad esempio - fratel Yohanan ricorda che da quando esiste gli attentati sono drasticamente diminuiti. «Non me la sento di discutere o di proporre soluzioni - ha scritto su *Un écho d'Israël* -. Lo si fa da lontano, in Europa. Ma qui, sul posto, uno è dilaniato. Perché sa quanto costa tutto questo ai poveri civili, oggi soprattutto ai palestinesi. Lo saprà Dio che cosa bisognerebbe fare, perché Lui ha sicuramente una bussola. Ma gli uomini sono bloccati da anni e generazioni di paure e sofferenze, e allora come sciogliere i nodi?».

Fratel Yohanan, da più di cinquant'anni ormai, prova a farlo condividendo giorno per giorno la vita della gente di Israele. «Oggi - ha scritto ancora in quell'articolo - ci sono europei che mi dicono: "Ma come? Tu fai parte di quel popolo?". Io rispondo loro: "Sì, alcuni israeliani fanno delle cose orribili, altri protestano, si agitano. Ecco perché qui non mi sento solo..."».

---

[80] Yohanan Eliahi, *Hebrew-Arabic conversational anthology for doctors and medical staff*, Minerva Publications, Jerusalem 2009.

Il cibo

Qualcuno l'ha già definita la Terza guerra del Libano. Un conflitto, per la verità, combattuto su un campo di battaglia un po' particolare. Dopo la guerra del 1982, dominata dai carri armati di Sharon, e dopo quella del 2006, scandita dai voli incrociati dei caccia di Olmert e dei razzi *katyusha* di *Hezbollah,* per infiammare l'orgoglio nazionale serviva un'arma nuova. Così - da una parte come dall'altra del fiume Litani - questa volta gli strateghi si riuniscono intorno ai fornelli. Sì, perché è l'*hummus* il nuovo fronte caldo dello scontro tra Israele e Libano.

D'accordo, abbiamo calcato un po' la mano. Però la storia che stiamo per raccontare dice che persino l'aspetto più quotidiano della vita delle persone - il cibo che mangiamo - in Terra Santa può trasformarsi in un'occasione di discordia. Alla base di tutto c'è un dato di fatto: fin dalla sua nascita Israele ha avuto un debole per i sapori dell'Oriente. Tutti quelli che si riempiono la bocca venendoci a raccontare che il Paese della Stella di Davide è un baluardo della cultura occidentale, dovrebbero fare un giro nei ristoranti di Gerusalemme: i piatti che vanno per la maggiore non sono certo quelli della tradizione europea. E se la bandiera nazionale e l'inno non parlano arabo, la stessa cosa non si può certo dire per quello che ormai è praticamente il piatto nazionale. Cioè proprio l'*hummus,* una salsa a base di farina di ceci, molto aromatizzata, che si mangia praticamente ovunque in Medio Oriente.

Ma qual è la vera patria dell'*hummus*? Se perfino nei nostri borghi scoppiano diatribe al calor bianco sui marchi Dop, figuriamoci in un contesto in cui la guerra c'è davvero. Solo che - essendoci ben poche speranze di poter ricostruire la primogenitura sull'intingolo - lo scontro si è trasferito su un altro campo: quello del *Guinness dei primati.* Così - al grido dello slogan "l'*hummus* è libanese" - nell'ottobre 2009 trecento chef si sono dati appuntamento a Beirut per cucinare il più grande pentolone della storia di questa salsa, in realtà dalle origini molto umili. Insieme hanno cucinato qualcosa come 2 mila chilogrammi di *hummus;* quantità più che sufficiente per strappare a Israele il record precedente. Non è stata, però, una mera sagra da strapaese: il clima era proprio quello della rivincita. Con tanto di proclami bellicosi: il presidente dell'associazione dei ristoratori libanesi ha addirittura avanzato l'ipotesi di un marchio registrato per l'*hummus*. «Dovremmo fare come i greci - ha spiegato - che hanno impedito a tutti i produttori stranieri di chiamare *Feta* il proprio formaggio. E così su ogni confezione compare anche la bandiera greca».

Poteva un Paese come Israele rimanere indifferente di fronte a una sfida del genere? Sono bastati tre mesi per organizzare la risposta ad Abu Gosh; con in prima linea gli arabi israeliani, che di cedere lo scettro dell'*hummus* ai libanesi non ne vogliono comunque sapere. Come pentolone hanno utilizzato una di quelle grandi parabole che si utilizzano per la trasmissione dei segnali televisivi. E alla fine i chilogrammi della preziosa crema di ceci sono diventati addirittura 4 mila, il doppio rispetto a quelli dei libanesi (da queste parti c'è sempre la tendenza a strafare...). Così il giudice del *Guinness dei primati* ha aggiornato il suo referto. E sulle tavole del Medio Oriente - grazie ai palestinesi - l'esistenza di Israele almeno per il momento è salva.

Almeno sul cibo, fortunatamente, questa logica dello scontro in Terra Santa è l'eccezione alla regola. Come accade ovunque, anche qui la cucina - tendenzialmente - mette d'accordo tutti. Ma le si può arrivare a chiedere qualcosa di più rispetto a una sana abbuffata in compagnia? E la tavola può davvero diventare un primo passo per un vero cammino di pace?

È l'idea intorno a cui il *Parents Circle* ha costruito un progetto molto interessante. Lo ricordavamo già nell'introduzione: il *Parents Circle* è probabilmente la più disarmante tra tutte queste associazioni in cui israeliani e palestinesi collaborano tra loro. Perché a incontrarsi e a lavorare insieme, in questo caso, sono cinquecento famiglie accomunate dal fatto di aver vissuto il dramma della perdita di un proprio caro in questo conflitto. «Se riusciamo a parlarci noi che abbiamo pagato il prezzo più alto - dicono - perché non dovrebbero riuscirci tutti gli altri?»[81]. Anche al di là dell'idea, già di per sé straordinaria - però - una delle caratteristiche più interessanti del *Parents Circle* è la grande duttilità con cui riesce a portare il suo messaggio in ambiti comunicativi tra loro anche molto diversi. Così recentemente quest'associazione ha provato a raccogliere una sfida particolarmente intrigante: quella di raccontarsi attraverso una *fiction* televisiva.

---

[81] Alla storia e alle testimonianze dei genitori del *Parents Circle* ho dedicato un intero capitolo del mio precedente libro *Oltre il muro* (pp. 39-45).

Ha preso, dunque, corpo una storia che ha per protagoniste due donne, entrambe sui trent'anni, entrambe carine, entrambe chef. Tamar Rosen è un'israeliana di Givat Ayim; Amal Fauzi, dopo aver studiato a Roma, ora è tornata a Ramallah. Sono le protagoniste ideali per un *reality show* da realizzare in cucina. Con due donne di popoli tra loro in conflitto, una accanto all'altra, a scambiarsi ricette e a parlare del più e del meno. Per dare attraverso la televisione un contributo alla pace tra i popoli. Sembrerebbe la materializzazione del sogno nascosto di dozzine di *producer* della tv di oggi. Invece è solo un pretesto narrativo da cui partire per andare oltre. Perché, man mano che il presunto *reality* comincia a prendere forma, ci si rende conto che la realtà intorno è molto più complessa. E comunque tanti ostacoli che - lontano dalle telecamere - occorre superare se si vuole coltivare davvero un'amicizia con chi sta *dall'altra parte*.

Si intitola *Buone intenzioni* questa fiction scritta da Ronit Weiss-Berkowitz e diretta dal regista Uri Barabash. È andata in onda in seconda serata su *Channel 2*, il secondo canale della tv israeliana. E proprio per sottolineare come alla pace non bastino le "buone intenzioni", lo spot che annunciava l'inizio di questa serie giocava sull'immagine forte delle due protagoniste che si lanciano nel vuoto. Un'idea che il pubblico televisivo ha apprezzato, dando un buon risultato anche in termini di *audience*.

Ci sono voluti tre anni di lavoro per realizzare *Buone intenzioni*: è stata *Parents Circle* a contattare la società di produzione israeliana *Reshet tv*, con cui - grazie anche a un finanziamento di *Usaid* (la cooperazione americana) - si è cominciato a lavorare al progetto. Sempre con una grande attenzione a non mettere in scena un quadretto idilliaco, ma una storia capace di fare i conti con la realtà. Anche nella *fiction* - così - Tamar vedrà un figlio uscire ferito in un attentato suicida e il padre di Amal morirà nella rappresaglia. Tutte e due dovranno fare i conti con le loro famiglie, contrarie a quella strana amicizia nata attorno ai fornelli. Eppure questo rapporto andrà comunque avanti.

Condividere il cibo, dunque, come primo passo per aprire un cammino. Anche questo, però, già ora non succede solo in uno sceneggiato televisivo. Lo testimoniano le tre storie cui diamo voce in questo capitolo.

La prima è legata a una data: quella del 1° giugno 2005. Anche in questo caso le protagoniste sono due donne su cui molto è già stato scritto: Angelica Edna Calò, ebrea di origine romana, fondatrice in Israele del Teatro dell'Arcobaleno, che fa recitare insieme ragazzi arabi ed ebrei (si

esibiscono spesso anche in Italia) e Samar Sahhar, donna cristiana palestinese che a Betania (oggi più nota col nome arabo al-Azarija) ha aperto
la *Lazarus Home*, una casa di accoglienza per bambine abbandonate o vittime di violenza. Due donne che si sono scoperte straordinariamente vicine grazie all'Italia: Angelica collaborava con la rivista *Tempi* e un giorno
il direttore le ha chiesto di andare a intervistare Samar, che appartiene al
gruppo dei *Memores Domini*, i consacrati di *Comunione e liberazione*[82]. Dalla
loro amicizia era nato un sogno: tra le attività avviate da Samar Sahhar c'è
un forno, il primo con macchinari moderni a Betania. Si chiama *Charlie's
Bakery* in memoria di un giovane inglese la cui famiglia è tra i benefattori
di *Jeel-al-Amal*, l'orfanotrofio maschile da cui è nata anche la *Lazarus Home*.
Nel forno lavorano alcuni ragazzi usciti dall'orfanotrofio e i suoi proventi
contribuiscono a finanziare le attività di quest'opera assistenziale. Ma Angelica e Samar volevano compiere anche un passo in più, qualcosa che
diventasse un simbolo. E così è nata la Giornata del pane per la pace. Il 1°
giugno 2005 trenta donne ebree legate all'esperienza del Teatro dell'Arcobaleno, ottenuti tutti i permessi dalle autorità israeliane, hanno varcato
i *check-point* per andare a Betania. E al *Charlie's Bakery* - con altre donne
palestinesi amiche di Samar - si sono messe a impastare il pane. Insieme.
Un gesto straordinariamente simbolico di incontro. Non tanto, però, per
l'immagine in sé, puntualmente rilanciata dalle agenzie di tutto il mondo.
Ma per tutto il percorso che c'era dietro e che non si è fermato a quella
giornata eccezionale.

Dal *kibbutz* Sasa, nel nord di Israele, Angelica va avanti a costruire attraverso il teatro percorsi con i suoi ragazzi: l'ultima fatica è uno spettacolo su
Pinocchio, dove la grande favola di Collodi è riletta proprio con gli occhi
dell'educazione alla pace. Ma è soprattutto la continuazione del lavoro di
Samar - molto più nascosto a Betania - che va assolutamente raccontata.
Perché testimonia un impegno per la pace su un'altra frontiera che in troppi
fanno finta di non vedere: la tutela delle bambine e - più in generale - della
donna nella società palestinese. Perché a Betania, fin dal suo inizio, c'è chi
guarda con sospetto alla *Lazarus Home*. Una storia emblematica Samar
l'ha raccontata pochi mesi fa in una lettera: parla di cinque bambini ospiti
della casa di accoglienza; bussarono alla porta una mattina di cinque anni
fa, quando avevano tra i due e i sei anni. Si erano ritrovati completamente

---

[82] Anche sull'amicizia tra Angelica e Samar parlo più diffusamente in *Oltre il muro* (pp. 113-119).

soli dopo che la madre Saiwa aveva ucciso il padre. Da quel giorno Samar ha iniziato a occuparsi anche della donna e ha scoperto gli abusi che aveva subito. Ha iniziato a visitarla in carcere, insieme alle figlie si è recata anche due volte dal presidente Abu Mazen per chiedere un provvedimento di clemenza. «Saiwa non è mai stata visitata in carcere da nessuno dei suoi parenti - racconta la fondatrice del *Lazarus Home* -. Le uniche persone che si prendono cura di lei siamo noi. Una volta ho supplicato di occuparsi di lei l'avvocato che le hanno assegnato, gli ho chiesto se ci sarebbe stata misericordia per Saiwa. Mi ha risposto che non c'è nessuna misericordia per una donna come lei. Gli ho risposto "fatelo almeno per i suoi bambini". "Neanche loro dovrebbero conoscerla", mi ha risposto». Samar, invece, continua a starle accanto: «Quando andiamo alle udienze in tribunale ci presentano come la famiglia di Saiwa - racconta ancora -. Questo le dà la speranza che ci sia qualcuno a questo mondo che la ama così com'è e che si batte per i suoi diritti, nella speranza di poterla vedere di nuovo libera e riabbracciare i suoi figli che vivono aspettando il suo ritorno»[83].

È per questo genere di frutti che, nel forno di Betania, si lavora ancora al pane della pace. Serve a dare corpo a un nuovo progetto urgente: la vecchia *Lazarus Home*, con i suoi 32 posti, non basta più; serve in fretta una nuova casa per le bambine palestinesi di cui nessuno si occupa. È già in costruzione, la palazzina è ultimata, si stanno realizzando gli interni: garantirà cinquanta altri posti; ma il progetto è che - una volta ultimata - ospiti anche un centro medico, il primo per Betania. Una struttura importantissima oggi, perché al-Azarija sta dalla parte palestinese del muro e sappiamo tutti quanto l'accesso alle strutture sanitarie sia diventato un problema[84]. C'è molto di più di un'immagine pittoresca, dunque, dietro a quel pane che un giorno mani israeliane e mani palestinesi hanno impastato insieme.

Dal pane al caffè il percorso può essere più breve di quanto sembri. E ci porta a un'altra iniziativa interessante in cui gli aromi sono un ingrediente essenziale. È la storia dell'*All Nations Café,* il *Caffè delle nazioni,* una realtà che si propone una missione apparentemente impossibile: trasformare i *check-point* in punti di incontro. Un'esperienza ispirata all'utopismo molto più che alla concretezza di Samar; però non per questo meno carica di significati.

---

[83] La lettera è stata pubblicata sul sito www.ilsussidiario.net il 7 gennaio 2010.
[84] Notizie dettagliate sui nuovi progetti si trovano sul sito inglese www.friendsoflazarushomeforgirls.org.uk, che è il punto di riferimento anche per chi vuole aiutare questa struttura.

Tutto comincia nell'estate del 2003, nel bel mezzo della seconda *intifada*: Dhyan Or, un giovane artista, figlio di ebrei immigrati dall'ex Unione Sovietica, sta camminando insieme a un gruppetto di amici musulmani e cristiani nella zona del Monte degli Ulivi, a Gerusalemme. Finché a un certo punto si imbattono in una bottega deserta con un'insegna ambiziosa, l'*All Nations Café*. Nella Città Santa in quei mesi tutto sembrerebbe andare in direzione opposta; eppure - per chi sogna una realtà diversa - l'idea di riaprire qualcosa del genere è affascinante. Così cominciano a ragionarci sopra in uno dei luoghi più straordinari di Gerusalemme: la casa di Ibrahim Abu el Hawa, «l'ambasciatore dell'ospitalità sul Monte degli Ulivi», amico un po' di tutti in quel gruppo. Membro di una famiglia storica della Gerusalemme musulmana, da quando è andato in pensione questo ex ingegnere di una compagnia petrolifera del Golfo ha scelto di promuovere la pace seguendo un suo metodo del tutto personale: ha aperto la porta di casa sua tramandando la tradizione orientale dell'ospitalità. Non chiede nulla, sul frigorifero ha messo un cartello che recita: «Servitevi pure, quello che c'è è vostro». E grazie a quanto i suoi ospiti spontaneamente gli lasciano questa iniziativa del tutto informale va avanti da anni[85].

Un uomo così su un progetto del genere non poteva che rilanciare. E così - a forza di litri di caffè bevuti nel soggiorno di quella casa ormai quasi leggendaria a Gerusalemme - è nata un'idea ancora più coraggiosa per l'*All Nations Café*. «Deve diventare un posto dove israeliani e palestinesi si possano incontrare davvero», si sono detti. Ma come fare con i divieti che oggi impediscono a ciascuno di recarsi senza un permesso *ad hoc* dalla parte dell'altro? La soluzione si chiama Ein Haniya, un ex villaggio arabo abbandonato tra Gerusalemme e Betlemme che si trova nella *terra di nessuno* tra il *check-point* israeliano e i Territori controllati dall'Autorità palestinese. Un posto - dunque - raggiungibile sia dagli israeliani sia dai palestinesi. È qui che si è trasferito l'*All Nations Café*. Che certo - in una zona disabitata - non può essere un locale come tutti gli altri. Ma almeno una volta alla settimana alla sera si anima: ad Ein Haniya arrivano artisti anche famosi a suonare. Gli agricoltori della zona mettono a disposizione il latte delle loro capre, la verdura e altri prodotti. E intorno a un fuoco sovrastato dall'aroma del caffè diventa possibile incontrarsi.

«L'*All Nations Café* - si legge nell'auto-presentazione che compare sul

---

[85] Per leggere un bel profilo sulla figura di Ibrahim Abu el Hawa: Giuseppe Caffulli, *Ibrahim ti apre la porta*, Club 3, marzo 2008.

sito dell'iniziativa - può coinvolgere persone dalle provenienze più diverse. Durante un incontro un soldato israeliano in servizio si è seduto accanto a un contadino locale che era stato fermato appena un'ora prima: discutevano dell'ultimo raccolto e si trattavano l'un l'altro alla pari, da esseri umani. Un'altra volta alcuni parenti di detenuti palestinesi hanno condiviso le loro storie e i loro sogni con alcuni coloni israeliani»[86].

Così - intorno alle serate - ad Ein Haniya è nato anche molto altro: corsi di danze tradizionali da tutto il mondo, sessioni di yoga, attività per i ragazzi. E poi si lavora per riportare al loro antico splendore la fonte che qui sgorga e i terrazzamenti, che prima di diventare una frontiera così calda qui sono stati coltivati per millenni. Il sogno - neanche troppo nascosto - è quello di far rivivere in qualche modo il villaggio abbandonato. Farne un *luogo di tutti* in una *terra di nessuno*. Qualcosa del genere è già successo durante la Seconda guerra del Libano, nell'estate 2006: «Il nostro campo qui si è potuto svolgere lo stesso - racconta Dhyan Or -. Famiglie in fuga, provenienti da una parte come dall'altra, per tre giorni interi si sono potute incontrare qui. E durante quei tre giorni anche i militari israeliani hanno chiuso un occhio»[87]. Molto difficilmente questo precedente potrà aprire la strada alla rinascita di un villaggio vero. Ma forse è meglio così: perché questa esperienza che si dichiara "apolitica" a volte sembra varcare quel confine sottile che separa la profezia dall'evasione, quasi che l'unica soluzione possibile al conflitto fosse la fuga in una "terra di nessuno". Al di là di questo limite, però, già così com'è l'*All Nations Café* è un segno importante cresciuto all'ombra di un *check-point*. Un luogo per provare a mischiare un po' le carte e cominciare a parlarsi: non è comunque poco.

C'è infine un'ultima esperienza che vale la pena di citare sul tema del rapporto tra il cibo e la pace in Medio Oriente. Una storia che parla per contrasto. Perché ad accomunare i popoli non è solo il piacere della tavola; soprattutto tra le donne, ancora più universale è il desiderio di liberarsi dei chili di troppo. È nata così l'idea del documentario *A slim peace* ("Una pace magra") girato all'inizio del 2006 dalla regista israelo-americana Yael Luttwak. Racconta la storia di quattordici donne israeliane e palestinesi che partecipano per sei settimane a una terapia di gruppo per perdere peso. Donne accomunate da questo stesso obiettivo, ma divise da tutto il resto:

---

[86] L'indirizzo del sito è www.allnationscafe.org.
[87] Si veda in proposito l'intervista di Carine Suissa a Dhyan Or pubblicata sulla rivista on line *Hommes de Parole* il 6 gennaio 2008.

perché nel gruppo ci sono l'attivista beduina e la colona venuta dagli Stati Uniti per andare a vivere in un insediamento; e poi la *producer* della tv palestinese che vive a Ramallah, la donna emancipata della Gerusalemme laica, l'ebrea ortodossa...

«L'idea è partita da una mia esperienza personale - racconta Yael Luttwak -. Nel 2000 ho partecipato a Tel Aviv a un gruppo della *Weight Watchers*: sono dimagrita di dieci chili. Nel mio gruppo c'erano anche donne arabe e anche loro hanno raggiunto dei risultati. In quelle stesse settimane, però, si svolgeva anche il vertice di *Camp David* durante il quale è andato in fumo il processo di pace. Mi è venuto spontaneo mettere in correlazione le due cose...»[88].

Il laboratorio raccontato dal documentario è stato preparato con cura: la regista ha coinvolto nel progetto due tra le migliori dietologhe di entrambi i campi, l'israeliana Dorit Adler dell'*Hadassah Hospital* (il maggiore ospedale del Paese), e la palestinese Suha Khoury; come luogo per gli incontri settimanali è stato individuato l'Istituto di cinematografia che si trova a Gerusalemme est, un luogo in cui entrambi i popoli si sentono di casa; sulla lingua si è optato per l'inglese, ritenuto neutrale. Ma soprattutto con molta attenzione sono state scelte le partecipanti. «Non volevo - spiega la regista - mettere insieme il solito gruppo di israeliani e palestinesi ricchi, che sono già *liberal* e a favore della pace. Volevo ricreare uno spaccato che fosse il più possibile uno specchio dei diversi punti di vista». Quanto all'intreccio con il conflitto l'attualità le ha anche dato una mano: nelle sei settimane in cui il documentario è stato girato sono infatti accaduti due eventi chiave come l'improvvisa perdita di coscienza di Ariel Sharon che ha segnato la sua uscita dalla vita politica e la vittoria di *Hamas* nelle elezioni palestinesi.

Alla fine le quattordici donne hanno perso complessivamente 120 chili. Ma il vero risultato è stato il documentario, molto apprezzato al *Tribeca Film Festival* di New York. Perché - a poco a poco - il clima di intimità e nello stesso tempo di estrema vulnerabilità creato dall'impresa della dieta collettiva ha portato ad abbassare le barriere. «All'inizio - ricorda ancora la regista - erano tutte molto educate, gentili, il che non è affatto normale in Medio Oriente. Generalmente non siamo considerati persone piene di inibizioni. Ma qui era diverso; come ha detto bene Ichsan, una delle

---

[88] Questo i successivi virgolettati di Yael Luttwak sono tratti da alcune interviste riportate sul sito ufficiale del documentario www.aslimpeace.com.

partecipanti palestinesi, "era come prendere parte a un appuntamento al buio"». Basta però un niente perché il conflitto affiori in superficie. Durante una delle prime sessioni, Turkich, una vedova palestinese molto loquace, incrocia Dasi Stern, un'insegnante di yoga di Gerusalemme. «Stern? Come la banda Stern[89]?», butta lì sarcastica Turkich. «Era il padre di mio marito», la gela Dasi.

Tre settimane dopo arriva la vittoria di *Hamas* alle elezioni e la tensione sale: l'atmosfera è cambiata, non c'è più estraneità. L'obiettivo di perdere peso nei discorsi passa in secondo piano, è di politica che si discute sempre. «Mi è difficile credere - dirà davanti alla macchina da presa una delle donne israeliane - che nessuna di loro abbia votato per *Hamas*». Si arriva anche allo scontro; però la settimana successiva non manca comunque nessuna. «Avevano comunque imparato a rispettarsi come persone», commenta la regista. A un certo punto scattano anche dinamiche apparentemente inaspettate: Aviva, una donna israeliana, racconta di aver scoperto più aspetti in comune con le donne palestinesi del gruppo piuttosto che con quelle provenienti dagli insediamenti. Il rapporto personale sembra avere il sopravvento sull'identità. Ma quando Ichsan va a trovare a casa sua Dasi, di cui è diventata amica, qualcosa va storto: l'ambiente si fa sentire, scoppia un litigio.

Alla fine delle sei settimane il documentario non fa altro che restituire tutta la complessità del conflitto: davanti alla bilancia c'è chi ha ottenuto più risultati e chi, invece, meno. Ci si promette di rimanere in contatto, ma poi sarà ancora Turkich a commentare sarcastica: «Che faccio? Chiamo Rivkah e le chiedo: "Come vanno le cose nel *Gush Ezion*[90]? Avete picchiato qualche arabo oggi?"». Siamo agli antipodi rispetto agli idealisti dell'*All Nations Café*. Eppure il risultato è lo stesso: il cibo (stavolta razionato) è diventato un modo per riportare al centro le persone. In fondo la sfida della pace non si gioca tutta qui?

[89] La banda Stern era una formazione paramilitare ebraica accusata durante la guerra del 1948 di aver compiuto violenze contro la popolazione civile araba.

[90] Il *Gush Etzion* è uno dei principali raggruppamenti di colonie israeliane nei Territori.

Le nuove tecnologie

C'è un pregiudizio che va sfatato: quello secondo cui le nuove tecnologie sarebbero di per sé uno strumento che aiuta la pace. Prendiamo internet, la rete telematica che oggi permette con estrema facilità di entrare in comunicazione anche quando ci si trova a migliaia di chilometri di distanza gli uni dagli altri. Certe volte ha aiutato pure ad aggirare i filtri della censura, come si è visto ad esempio in Iran nell'estate 2009. Dunque la rete è sinonimo di pace e libertà? La rivista *Wired* ne è talmente convinta da aver avanzato la candidatura di internet per il Premio Nobel per la pace. Ma si può davvero pensare che uno strumento tecnologico, per quanto raffinato, possa da solo cambiare la mente e il cuore degli uomini?

Proprio il conflitto in Medio Oriente, forse, può essere un'occasione per guardare in faccia in maniera un po' più disincantata la realtà virtuale. È un dato di fatto, ad esempio, che oggi la battaglia tra israeliani e palestinesi si combatta anche su internet. Del resto nei conflitti del XXI secolo la comunicazione è un'arma molto potente: un filmato caricato su *Youtube* e poi rilanciato dalle televisioni di tutto il mondo può infliggere al nemico danni ben più gravi di un bombardamento dell'aviazione. Poco importa se quel filmato ritrae qualcosa di vero oppure è stato manipolato. Anzi, proprio la veridicità diventa un fronte dello scontro: a distanza di anni in Medio Oriente si discute ancora ferocemente sul video della morte di Mohammed al Doura, il piccolo palestinese colpito in un conflitto a fuoco nei primi giorni della seconda *intifada* e ripreso agonizzante accanto al padre da un operatore di *France2*. Ci sono esperti di balistica che sostengono che a colpirlo - quel giorno, dietro quella barricata - non può essere stato l'esercito israeliano. E quindi - hanno sostenuto in un tribunale francese alcune ong filo-israeliane - quel ragazzino spaventato sarebbe la prova provata delle *mistificazioni* palestinesi. Non si discute sui numeri sconvolgenti dei minori morti nella seconda *intifada*, ma solo su quello specifico filmato. Perché sono quelle immagini a contare davvero nella battaglia dell'opinione pubblica. E non è un caso che durante la successiva guerra di Gaza, tra il dicembre 2008 e il gennaio 2009, per la prima volta in Medio Oriente sia stato impedito ai giornalisti di entrare in un teatro di guerra per documentare quanto stava accadendo.

Fin qui, però, stiamo parlando ancora di un discorso generale sul rapporto tra l'informazione e un conflitto. Ma c'è anche un volto di questo problema che è legato in maniera più intrinseca ai nuovi mezzi di comunicazione. Premetto di non avere particolari studi di psicologia sociale alle spalle, ma ho l'impressione che studiare un po' più a fondo i commenti postati dai lettori sui siti di informazione legati al Medio Oriente offrirebbe un'immagine di internet un po' meno rassicurante rispetto a quella proposta da *Wired*. È impressionante, infatti, notare il tasso di violenza insito nei *feed-back* che si trovano in fondo agli articoli: frasi razziste, esortazioni a rappresaglie sempre più sanguinose, insulti antisemiti, ironie dal tenore assolutamente macabro... Uno dei primi a porsi seriamente questo problema è stato Bradley Burston, una delle firme più note del quotidiano israeliano *Haaretz*. Titolare di un blog intitolato *Un posto speciale all'Inferno*, ha deciso di chiedere ai lettori che vogliono partecipare ai dibattiti sui suoi post di aderire a una serie di regole elementari. Burston è infatti convinto che uno dei fattori che oggi alimentano il conflitto in Medio Oriente sia "l'effetto Playstation 4", cioè la tendenza a intervenire nel dibattito israelo-palestinese con un atteggiamento più simile alla partita di un videogame che a un dramma che tocca la vita di migliaia di persone, da una parte come dall'altra della barricata.

Ed è un effetto che proprio internet moltiplica, attraverso la possibilità di inviare e-mail di commento a ogni articolo senza in fondo esporsi personalmente più di tanto (e spesso anche dietro la maschera di uno pseudonimo). Ecco allora l'idea delle regole. «Non per censura politica - tiene a precisare Burston - ma perché questo forum presuppone il rispetto reciproco e l'apertura al dialogo nei confronti dell'altro».

Su *Un posto speciale all'Inferno* sono dunque vietate: 1) le posizioni razziste, così come gli insulti sulla base della religione, dell'etnia e del genere; 2) l'uso dei termini *nazista* e *Hitler* per descrivere le azioni e le politiche tanto degli israeliani quanto dei palestinesi; 3) attacchi personali o volgarità nei confronti degli altri partecipanti al forum; 4) il sostegno di ogni forma di violenza contro individui o gruppi religiosi, etnici o razziali, comprese le affermazioni che possono essere percepite come inviti ad attaccare leader, personalità, forze di sicurezza o civili dello schieramento opposto.

Come è facile constatare si tratta di regole assolutamente minimali. Eppure sono tante le e-mail che Burston racconta di aver bloccato. E, comunque, anche quelle che passano questo primo filtro, a volte sono tutt'altro che innocenti. Personalmente resto molto colpito quando persone che abitano in Australia o negli Stati Uniti scrivere sui palestinesi messaggi più duri rispetto a quelli firmati da israeliani di Tel Aviv, di Gerusalemme o di Beer Sheva. O che - al contrario - su tanti siti filopalestinesi si denunciano "gravissime atrocità israeliane" facendo confusione persino sui luoghi dove sarebbero avvenute. L'impressione è che - almeno in questo caso - internet diventi uno schermo che permette di distanziarsi dalla realtà, anziché avvicinarla. Aiuta a costruire un nemico "su misura", considerando solo gli aspetti che sono congeniali alla propria tesi. Alla fine lo strumento tecnologico diventa un modo per disumanizzare l'altro, con tutti i pericoli che questo atteggiamento comporta. Non è lo stesso tragico meccanismo adottato dalla propaganda nelle grandi ideologie del ventesimo secolo?

La tecnologia non è automaticamente uno strumento di pace. Però, esattamente come tutto il resto, lo può diventare. Succede quando le persone decidono di utilizzarla per favorire l'incontro tra i popoli. Ed è la direzione in cui vanno le tre esperienze che raccontiamo in questo capitolo. Tre iniziative accomunate da una particolarità: il fatto di creare un particolare ponte di pace che senza le nuove tecnologie non si sarebbe potuto realizzare.

Prendiamo ad esempio l'esperienza di un sito internet come *mepeace.org*: di iniziative web legate alla pace in Medio Oriente ce ne sono un'infinità, ogni associazione pacifista ha il suo dominio. Ma la sfida veramente nuova è puntare davvero sulla logica della rete. E far nascere un *social network* interamente dedicato al tema della pace tra israeliani e palestinesi. Un posto dove, attraverso il web, sono le persone a mettersi in gioco. È stata l'intuizione di Eyal Raviv, un *graphic designer* nato a New York nel 1976 e cresciuto tra Israele e la California. «Ho studiato nelle *Yeshiva*, le scuole rabbiniche - racconta di sé -, le mie idee erano di destra. Ma soprattutto pensavo di sapere molte cose su questo conflitto. Finché nel 2004 non mi sono stabilito in Israele: in quel momento ho capito che in realtà sapevo davvero poco di questa terra».

Il *social network mepeace.org* è nato due anni dopo; ma, soprattutto, è nato dopo altre tre esperienze ben precise: la prima, la più devastante, è stata la guerra del Libano nell'estate 2006. «La guerra imperversava e io mi sentivo frustrato e impotente - scrive Eyal -. Nell'ultimo week-end sono anche sceso in piazza a manifestare contro la guerra. Poi, il giorno dopo, un amico di mio fratello è rimasto ucciso in quella guerra. Al suo funerale ero a disagio, mi sentivo fuori posto. Ho capito che dovevo fare qualcosa per la pace in questa regione». Raviv, dunque, si avvicina di più al mondo delle associazioni pacifiste israeliane e culla il sogno di tanti: quello di vedere questo fronte unito. Nel dicembre 2006 raduna alcuni amici in un caffé di Tel Aviv, se ne discute, ma c'è scetticismo. Sperimenta quella sensazione molto diffusa in Israele che in un'intervista Amos Oz mi ha descritto con una battuta feroce, ma molto efficace: «Le colombe israeliane? - mi ha detto lo scrittore -. Sono di una specie un po' particolare: passano più tempo a beccarsi tra loro che a portare in giro ramoscelli d'ulivo...». Ma Eyal non si è fermato: «Se di persona è così difficile, proviamo allora a incontrarci *on line*», si è detto. Così una settimana dopo ha registrato il dominio *mepeace.org*.

Perché diventasse ciò che è oggi, però, ci voleva ancora una terza esperienza, questa volta lontano da Israele. Nel luglio 2007 Eyal Raviv partecipa in Francia a un incontro tra organizzazioni che operano nel campo della promozione della non violenza in Medio Oriente. Durante queste giornate ha modo di chiacchierare con un palestinese che gli confessa come lui sia il primo israeliano non colono né militare che incontra in vita sua. «Quel giorno - commenta Eyal - ho capito davvero che cosa doveva essere *mepeace.org*. Non più solo uno strumento per i pacifisti israeliani, ma una piattaforma aperta a chiunque sia interessato a promuovere la pace in Medio Oriente». A tre anni di distanza i *peacemaker* che hanno aderito a questo speciale *social network* sono oltre 3.500. Vivono in 175 Paesi diversi, ma hanno tutti a cuore la pace in Medio Oriente.

Che cosa distingue *mepeace.org* da uno dei tanti gruppi di persone accomunate da uno stesso interesse che si incontrano su *Facebook*, il più popolare dei *social network*? «Io stesso ho un gruppo su *Facebook* e lo uso per promuovere *mepeace.org* - ha risposto a questa domanda Eyal Raviv -. Certo, se ci fossimo fermati lì saremmo un gruppo ancora più numeroso. Ma a noi interessava andare oltre: mettere insieme costruttori di pace, non visitatori momentanei; gente che davvero mette in gioco la propria vita al servizio della pace».

Basta fare un giro su *mepeace.org* per rendersene conto. Intanto già entrare nella *community* comporta in qualche modo mettere in gioco se stessi; ciascuno, oltre a raccontarsi, deve rispondere a una domanda solo in apparenza banale: «Perché voglio la pace?». Ciascuno, inoltre, deve riconoscersi nei valori del dialogo e della collaborazione e impegnarsi a seguire delle regole[91]: rispetta l'altro anche quando non sei d'accordo con lui, non generalizzare, cerca sempre di essere costruttivo... *Interaction, information and inspiration*, sono le tre *i* che guidano l'esperienza: contatto con l'altro, per poter conoscere e cambiare la realtà. Ed è dentro a questo quadro che su *mepeace.org* si può davvero discutere - anche a partire da opinioni diverse - temi molto impegnativi: nei gruppi attivi si parla di Gaza, dei rapporti tra Israele e l'Iran, di che cosa significhi davvero essere "pro-palestinesi", del ruolo delle religioni nel conflitto. E chi scrive interviene da Gerusalemme, da Ramallah, da Gaza, o da Teheran, da Londra, dagli Stati Uniti...

Ma la cosa veramente unica di *mepeace.org* è soprattutto un'altra: in chi vi aderisce è forte l'intenzione di trasformare questo superamento tecnologico delle barriere in un fatto reale. Internet non diventa un'oasi dove rifugiarsi, ma uno strumento per incidere realmente sull'ambiente circostante. Un esempio - piccolo ma significativo - i partecipanti a questa esperienza l'hanno offerto in occasione dell'ottavo anniversario dell'attentato alle Torri gemelle, l'icona per eccellenza dello "scontro di civiltà". Chattando in rete ci si è accorti di una cosa: l'11 settembre 2009 cadeva all'interno del mese di *Ramadan*, il mese sacro dei musulmani, e per di più di venerdì. Così su *mepeace.org* è nata l'idea di promuovere a Beit Jala, nei pressi di Betlemme, una cena interreligiosa per la sera dell'11 settembre. Perché proprio una cena? Perché durante il *Ramadan* per i musulmani le giornate finiscono al tramonto con l'*iftar*, il pasto in cui la famiglia dopo la preghiera si riunisce per rompere il digiuno. Ma al tramonto del venerdì sera, dopo la preghiera in sinagoga che segna l'ingresso nello *shabbat*, anche per le famiglie ebree osservanti la cena vissuta insieme è un momento molto importante. Di qui - dunque - l'idea di una cena interreligiosa proprio l'11 settembre. E come luogo è stata scelta la *Talitha Kumi School* di Beit Jala, una scuola cristiana (evangelica luterana) che - grazie ai suoi due ingressi - è accessibile sia da Israele sia dai Territori Palestinesi. Alla fine all'iniziativa hanno preso parte 130 persone, tra israeliani, palestinesi e amici stranieri. «Tra i presenti - ha raccontato Raviv - c'era anche il mio amico David Ermelin, che guida il movimento giovanile del *Likud*. Siamo operatori di pace con provenienze diverse e ciascuno con le proprie

---

[91] L'elenco completo si può consultare all'indirizzo http://www.mepeace.org/notes/guidelines.

opinioni. Il punto è creare luoghi dove la gente che vuole la pace possa incontrarsi davvero[92]».

Con l'informatica ha a che fare anche *G.ho.st*, un'altra esperienza molto significativa di cooperazione tra israeliani e palestinesi. In questo caso non si tratta solo di un sito ma di una vera e propria attività imprenditoriale, svolta insieme da persone che stanno da una parte e dall'altra della barricata. *G.ho.st* è infatti prima di tutto un prodotto innovativo: l'idea del computer virtuale, che non essendo un oggetto fisico è alla portata di chiunque. Abbiamo provato tutti a consultare la nostra posta elettronica da un *internet café* o dal *personal computer* di un amico. Ma non si potrebbe fare un passo in più e creare sul web dei veri e propri computer virtuali a cui connettersi? Con un loro *desktop,* la possibilità di archiviare on line i propri documenti e una serie di applicazioni. In questo modo anche chi non possiede fisicamente un computer potrebbe comunque utilizzarlo. A far diventare quest'idea realtà è stato Zvi Schreiber, uno di quegli ingegneri israeliani oggi quarantenni che hanno trasformato il distretto di Tel Aviv in uno dei poli mondiali dell'informatica (la chiamano anche la *Sylicon Wadi,* cioè la *Sylicon Valley* in riva allo *Wadi,* il torrente che scorre nelle aree semi-desertiche). *G.ho.st* è un acronimo per la sua invenzione, il *Global hosted operating system* ("sistema operativo globale online"); si scrive con i due punti perché è anche un indirizzo internet; ma è evidente il gioco di parole con *ghost,* che in inglese significa fantasma. Diversamente da un computer fisico, il computer virtuale è "ospitato" in un centro dati professionale da qualche parte nella "nuvola" di internet ed è accessibile tramite una pagina web da ogni *browser.* Per utilizzarlo basta inserire il proprio *username* e la propria *password*: a quel punto è esattamente come entrare nel proprio computer, che riappare esattamente come era stato lasciato al termine della precedente sessione di lavoro.

«*G.ho.st* - spiegano i promotori - sta rivoluzionando il modo di utilizzare un computer offrendo un computer virtuale utilizzabile tramite una pagina web e completamente gratuito. Per la prima volta nella storia, *G.ho.st* libera dal legame con una macchina fisica, libera dalla preoccupazione di installare programmi, eseguire *back-up* e da tutte le altre operazioni noiose dei pc fissi»[93].

---

[92] Rapahel Ahren, *The ethnic groups that eat together...*, Haaretz on line, 25 settembre 2009.

[93] Il testo è tratto dall'auto-presentazione consultabile in venti lingue tra cui l'italiano sul sito www.g.ho.st.

Fin qui l'idea imprenditoriale, indubbiamente interessante. Ma ciò che rende davvero unica questa esperienza è il fatto che a lavorarvi sia una squadra di 35 persone fatta da israeliani e palestinesi: gente che vive a poca distanza gli uni dagli altri, ma abitualmente non può fisicamente incontrarsi. La sede sta a Modi'in, la nuova area metropolitana israeliana che si trova proprio a ridosso della Linea Verde; la maggior parte dei tecnici, però, lavora a Ramallah, che si trova sì a una manciata di chilometri ma dall'altra parte del muro. Nonostante la barriera, lavorano insieme in videoconferenza: le uniche riunioni vere le hanno tenute in un caffè sulla strada tra Gerusalemme e Gerico, in una sorta di "zona franca". E non si capisce davvero *G.ho.st* se non si considera questo legame stretto con le difficoltà di movimento. Perché il *fantasma* è ovviamente anche una provocazione. Non a caso il lancio del loro prodotto l'hanno organizzato su una collina da cui il muro tra Israele e i Territori lo si vede molto bene.

Il progetto è partito nel 2006. «Volevo provare a far incontrare le mie competenze tecnologiche con i miei interessi sociali - ha raccontato Schreiber -. Ho sempre sognato di poter fare qualcosa per aiutare a risolvere questo gran disastro che abbiamo combinato tutti in questa regione del mondo». La chiave di *G.ho.st* è dunque quella cooperazione economica di cui tanto si parla ma poco si vede tra Israele e i Territori. Certo, a Ramallah lo stipendio di un ingegnere informatico è un terzo rispetto a quello di un pari grado di Tel Aviv. «Ma la nostra non è una forma di *outsorcing* (il trasferimento del lavoro in un altro Paese dove i costi sono inferiori *ndr*) - tiene a precisare Schreiber, che di quest'impresa è anche l'amministratore delegato -. Noi siamo un'unica squadra, che lavora per la stessa società, di cui ciascuno possiede delle quote»[94].

In effetti un significato importante per la società palestinese quest'impresa ce l'ha: per la prima volta a Ramallah c'è qualcuno che valorizza professionalità di questo tipo. Khaled Ayyash, il *general manager* di *G.ho.st* ha studiato in un'università della Virginia; Elias Khalil, il direttore del settore ricerca e sviluppo, viene da Birzeit, una delle maggiori università palestinesi. Sono due giovani cervelli che senza questo sbocco sarebbero certamente finiti in Giordania o nei Paesi del Golfo. Invece sono a Ramallah a produrre qualcosa che per la prima volta permette anche al settore informatico palestinese di affacciarsi sui mercati internazionali.

C'è infine un ultimo elemento interessante che vale la pena di segna-

[94] *Israeli-Palestinian partnership launches startup*, Ynetnews, 15 luglio 2009.

lare: a questa impresa è legata anche la *G.ho.st Peace Foundation,* una fondazione creata attraverso una donazione di Schreiber e che verrà alimentata
attraverso una parte dei proventi della società. E il primo obiettivo che si è
posta è quello di realizzare dei centri comunitari dove sia possibile utilizzare gratis un computer a Ramallah e in una delle cittadine miste arabo-isra-
eliane nel nord di Israele, ancora da individuare. A guidare la fondazione
è Noa Rothman, la nipote di Yitzhak Rabin che durante i funerali del pre-
mier ucciso nel novembre 1995 con le sue lacrime commosse il mondo.
Oggi ha 31 anni e vede in questa impresa una realizzazione degli ideali per
cui aveva lottato suo nonno. «È la prima volta che incontro faccia a faccia
dei palestinesi della mia età - ha commentato durante la presentazione -.
G.ho.st è la dimostrazione di come attraverso il contatto tra le persone anche le cose apparentemente più difficili possono diventare realtà».

Nuove tecnologie non vuol dire, però, solo internet e comunicazione.
E siamo allora alla terza e ultima storia che vogliamo segnalare su questo
versante; un'esperienza che va a toccare un'altra frontiera cruciale del
mondo di oggi: la produzione di energia. I protagonisti di questa iniziativa
sono un gruppo di attivisti che combinano l'impegno a sostegno dei diritti delle comunità beduine della regione a Sud di Hebron con le loro competenze tecniche. Il risultato si chiama *Community, Energy and Technology
in the Middle East;* dove l'acronimo in questo caso è *Comet,* il termine inglese per cometa. Il lavoro di questi attivisti consiste molto semplicemente
nell'installare pannelli solari e piccoli impianti eolici per portare l'elettricità
a queste comunità.

Per capire, però, fino in fondo il significato anche politico di questa attività bisogna spendere due parole sul contesto in cui si inserisce. Quella
di cui stiamo parlando è un'area semidesertica e fino a pochi anni fa scar-
samente popolata: i palestinesi qui non sono le grandi comunità urbane
di Ramallah o anche di Hebron stessa, ma piccoli gruppi che tradizional-
mente vivevano in grotte o tende, conducendo un'agricoltura o una pasto-
rizia di sussistenza. Sono quei volti che - percorrendo in pullman la strada
da Gerico a Gerusalemme - tutti i pellegrini cristiani in viaggio in Terra
Santa fotografano, pensando al racconto evangelico dei pastori di Betlemme, che non è poi molto lontana. E in effetti sembrano davvero un'istan-
tanea della Giudea di secoli fa. Il problema è che - da qualche decennio
ormai - anche loro devono fare i conti con gli insediamenti dei coloni israeliani, sorti qui a partire dagli anni Ottanta. È cominciato così un conflitto,

per certi versi nascosto: stiamo infatti parlando di piccoli gruppi, riuniti in villaggi che molto spesso sulla carta geografica neppure esistono. Del resto, fino a poco tempo fa, nessuno avrebbe mai pensato a un "catasto" di un'area desertica. Il problema, però, è che non essendoci nulla di scritto gli abitanti degli insediamenti israeliani allargano i loro confini in maniera del tutto arbitraria. E i coloni oggi arrivano addirittura a definire "abusive" le abitazioni che questi beduini hanno ricavato da qualche grotta, magari 150 anni fa.

Come accennavamo già nel capitolo dedicato al tema della terra, per lo Stato di Israele questi villaggi palestinesi semplicemente non esistono. E allora può capitare tranquillamente che sopra le case passi la linea dell'alta tensione che porta l'elettricità al vicino insediamento israeliano. Senza che loro abbiano la possibilità di un allacciamento. Stesso discorso per l'acqua potabile: le condotte arrivano fino ai rubinetti delle case dei coloni più sperduti, ma restano inaccessibili per i pastori. E così le donne devono continuare ad andare ad attingere l'acqua al pozzo, come qui si è sempre fatto. Salvo però magari ritrovarsi all'improvviso l'esercito che *per ragioni di sicurezza* impedisce tante altre cose che fino a ieri erano normali.

Ecco allora il contributo di *Comet*, che senza tanto clamore sta portando in alcune comunità beduine una piccola rivoluzione. Gli impianti forniti sono di due tipi: c'è innanzi tutto quello di base, rivolto alle famiglie. Si tratta di un sistema semplice di pannelli solari, capace di produrre tra 0,5 e 1 Kw/h al giorno; e ha un'altra caratteristica importante: è facilmente trasportabile, requisito importante per famiglie semi-nomadi. È quanto basta per accendere qualche lampadina, ricaricare le batterie dei cellulari (che sono l'unica possibilità di comunicazione per questa gente), alimentare una radio. L'altra possibilità è la piccola centralina comunitaria, destinata a servire più famiglie: grazie a un sistema ibrido, che vede impiegati oltre ai pannelli solari anche delle turbine eoliche autoprodotte, l'energia prodotta aumenta fino ad arrivare a una quota compresa tra 4 e 10 kw/h al giorno. A quel punto si possono alimentare anche frigoriferi, macchine per la produzione del burro, pompe idrauliche, computer, macchine da cucire...[95] Sono cambiamenti apparentemente piccoli, ma per comunità che vivono in una povertà estrema si tratta di vere e proprie svolte. E proprio la lotta alla povertà diventa lo strumento più efficace per la difesa dei diritti di queste popolazioni: diventa meno facile imporre con la forza il

---

[95] Per i dettagli del progetto è possibile consultare il sito www.comet-me.org.

proprio punto di vista quando la gente che hai davanti non è più sola, isolata e priva di una speranza per il proprio futuro.

Elad Orian, un fisico costruttore di turbine ormai in pensione, e Noam Dotan, un esperto di questioni ambientali, hanno avviato *Comet* nel 2007: in tre anni hanno già installato impianti che portano energia a 400 persone[96]; gente a cui non sono stati dati solo dei pannelli solari, ma anche la formazione necessaria per poter gestire l'impianto in piena autonomia. Merito anche di una rete di sostegno internazionale, che ha permesso di far arrivare nei villaggi beduini molto materiale. Al di là del risultato, conta però anche l'aspetto simbolico in questa storia: l'idea che la salvaguardia dell'ambiente possa essere una via alla pace. In un contesto come la Terra Santa la sostenibilità ecologica sembrerebbe l'ultimo dei problemi. E invece sarebbe una chiave importante da valorizzare: nella Gaza del blocco si utilizza l'olio di colza come combustibile e le fogne scaricano nel mare senza alcun depuratore; ma le conseguenze non le paga solo Gaza, ma anche una città israeliana come Askhelon. La gestione delle acque del lago di Tiberiade o il deperimento del Mar Morto sono incognite che pesano sul futuro di tutti in Terra Santa.

«Il sole e il vento sono due benedizioni per questa regione», ama dire Elad Orian. Grazie alle nuove tecnologie, forse oggi possono diventare anche lo strumento per costruire relazioni nuove.

---

[96] *A solar-powered COMET lights un Palestinian homes*, articolo apparso sul sito Israel21c.org il 2 settembre 2009.

Le religioni

«Sono le religioni a contendersi Gerusalemme». Ce lo hanno ripetuto così tante volte che ormai tendiamo a crederci sul serio. Del resto non è intorno al Muro Occidentale e alla spianata delle Moschee che scoppiano sempre gli scontri più violenti? E la lunga storia di Gerusalemme non è costituita tutta da una serie di tentativi di imporre all'altro la propria religione?

Il punto è che le cose non stanno così. La Città Santa è fatta anche di tante esperienze di segno opposto: nonostante le apparenze, ci sono stati momenti in cui proprio qui ebrei, cristiani e musulmani hanno provato a parlare la lingua dell'incontro. Tentativi difficili, certo, sempre esposti alla tentazione di far valere anche nella dimensione del sacro la legge del più forte. Ma questo volto esigente della pace a Gerusalemme è comunque esistito e ha lasciato in eredità segni che potrebbero parlare ancora, se solo li si andasse a riscoprire. Un po' come quei ponti carichi di secoli che tuttora ammiriamo (e talvolta persino percorriamo) in alcune delle nostre città.

Resterebbero solo un bel ricordo, però, se non aggiungessimo subito che l'incontro tra le religioni a Gerusalemme è un'esperienza viva anche tra le ferite di oggi. Perché anche su questo versante, apparentemente così difficile, la Città Santa conosce tuttora iniziative interessanti. Prima di raccontarne alcune, però, permettetemi di partire ugualmente dalla storia, perché in questo caso è fondamentale. È nella Gerusalemme che c'è già stata, infatti, la risposta più chiara a chi vede in questo tipo di sguardo una posizione *naive*, o addirittura irrispettosa dell'identità propria e altrui. Il fatto di inserirsi in una tradizione dà infatti un significato particolare a queste storie: le rende espressioni viventi della vocazione universale della Città Santa. Anche questa descritta con parole mirabili già ventisette secoli fa dal libro del profeta Isaia, quando descrive il Tempio come «casa di preghiera per tutti i popoli»[97].

Della lunga storia di Gerusalemme mi limito qui a ripercorrere tre pagine, pressoché dimenticate. Ho scelto proprio queste perché raccon-

---

[97] Isaia 56,7.

tano qualcosa di unico; qualcosa che è successo solo qui. Qualcosa che
- se lo prendessimo davvero sul serio - ci porterebbe a ribaltare del tutto
la prospettiva.

Vale la pena, quindi, di ripartire dal califfo Omar, il primo successore
del profeta Muhammad, che quando nell'anno 638 conquistò la Gerusalemme bizantina compì due gesti destinati in qualche modo a marcare il
carattere plurale di questa città. Innanzi tutto si fermò alle porte della basilica del Santo Sepolcro, rifiutando l'invito rivoltogli dal patriarca Sofronio
a entrare a pregare. Se lo avesse fatto oggi al suo posto probabilmente ci
sarebbe una moschea. Ma Omar scelse diversamente. E la stessa cosa fece
a Betlemme, nella basilica della Natività, che ancora oggi nel suo impianto
è la stessa che vide lui. Il califfo, inoltre, a Gerusalemme compì anche un
altro importante atto di tolleranza: permise agli ebrei - cacciati dall'impe-
ratore Adriano nell'anno 135 d.C. - di tornare a vivere in città. Nessuno
osa ricordarlo, ma è con un musulmano che finì l'esilio degli ebrei dalla
Città Santa. E tutto questo succedeva nel VII secolo, cioè in quel tempo
della purezza islamica a cui i fondamentalisti di *al Qaida* oggi vorrebbero
far tornare il mondo. Basterebbe studiare la storia di Gerusalemme per capire quanto il modello originale della società islamica fosse diverso da ciò
che hanno in mente loro.

Durò poco, certo. E infatti nel 1009 fu poi un musulmano, il califfo al
Akhim, a distruggere quella stessa basilica del Santo Sepolcro. Ma - sorprendentemente - anche dentro quella pagina nerissima nei rapporti tra
cristiani e musulmani alla fine ci si imbatte in un gesto di segno opposto.
Perché fu proprio in quella occasione, a Gerusalemme, che nacque ciò
che noi oggi definiamo il criterio della reciprocità: se volete costruire le
moschee nelle nostre città - diciamo - lasciateci costruire le chiese nei vostri Paesi. Ebbene: fu proprio ciò che avvenne nella Gerusalemme dell'XI
secolo. Noi pellegrini oggi ammiriamo la basilica dei crociati, ma in realtà
bisognerebbe ricordare che quando loro arrivarono nella Città Santa la
ricostruzione del Santo Sepolcro era già cominciata. Grazie, appunto, a
un accordo raggiunto tra il patriarca di allora e il successore di al Akhim:
lasciateci ricostruire la basilica e voi potrete edificare una moschea a Co-
stantinopoli. Allora aveva funzionato concretamente; forse perché era un
accordo vero, non una provocazione.

Dunque proprio il Santo Sepolcro, il luogo più sacro per i cristiani, è
anche un esempio concreto della Gerusalemme in cui le religioni si sono
rispettate reciprocamente. Poco lontano, poi, ce n'è anche un secondo,

non legato tanto a un singolo episodio, ma a un fatto constatabile da tutti ancora oggi. Chiunque è stato a Gerusalemme sa che ogni venerdì alle tre del pomeriggio i francescani ripetono l'antico rito della *Via Crucis* lungo le tradizionali quattordici stazioni della *Via Dolorosa*. Pochi, però, prestano attenzione a un aspetto: dove incomincia la preghiera? Nel cortile di una scuola islamica - l'*el-Omaryye College* - che si trova proprio di fronte al Convento della Flagellazione. Era il luogo dove la tradizione collocava il Pretorio di Pilato, all'interno della Fortezza Antonia. Così ogni settimana la porta di questo istituto musulmano si apre per una celebrazione cristiana: solo a Gerusalemme può succedere una cosa del genere. Del resto tutto il primo tratto della *Via Dolorosa* si snoda lungo il quartiere musulmano della Città Vecchia. A me pare un altro segno straordinario di quell'idea molto concreta di accoglienza reciproca tra religioni diverse che la storia di Gerusalemme ci ha lasciato in eredità. Confrontiamolo con tante paure e incomprensioni che attraversano le nostre città: proprio là dove pensiamo si trovi l'epicentro dello scontro, da tanti anni ormai ogni venerdì accade questo gesto di pace semplice ma significativo. Un gruppo di frati entra con una croce e dà voce pubblicamente alla propria fede. Mi sembra una reliquia vivente dell'incontro tra san Francesco e il sultano. Un laboratorio su come vivere senza sconti la propria identità, senza per questo rinunciare a riconoscersi fratelli con gli uomini delle altre religioni.

Ma c'è anche un terzo esempio che mi piace qui ricordare. Ed è una testimonianza che ho scoperto per caso a Bertinoro, in Romagna, quindi molto lontano dalla Città Santa. In questo borgo tra la fine del Medio Evo e l'inizio dell'Età moderna viveva una comunità ebraica. E qui crebbe 'Ovadyah Yare, letterato, figlio di un banchiere, autore di un commento alla *Mishnà* che tuttora nella tradizione ebraica è citato come quello del Gran Bertinoro. A un certo punto della sua vita, però, l'ebreo 'Ovadyah decise di lasciare tutto e di andare a stabilirsi a Gerusalemme, dove già allora viveva una piccola comunità di ebrei orientali. Vi arrivò il 15 marzo 1488 e da lì scrisse quattro lettere che sono arrivate fino a noi, offrendoci uno spaccato di ciò che era allora la Città Santa.

È molto significativa la testimonianza di 'Ovadyah, perché non racconta la Gerusalemme dello splendore che rapisce il nostro sguardo oggi. Quella che descrive lui è infatti una città piccola, povera, in rovina, piegata dal malgoverno dei mamelucchi. Ad esempio, doveva ancora arrivare Solimano che avrebbe poi fatto costruire le splendide mura. Eppure, anche in quel tempo difficile, il pellegrino giunto dalla Romagna alla Città Santa tiene a raccontare un volto inaspettato che ha scoperto: quello dell'accoglienza tra uomini di religioni diverse. «In verità - scrive 'Ovadiah - in questo luogo i musulmani non perseguitano affatto gli ebrei. Ho potuto percorrere il paese in lungo e in largo né vi fu chi muovesse un'ala. I musulmani sono pieni di sollecitudine verso chi è straniero, e in particolar modo verso chi non conosce la lingua; se vedono molti ebrei insieme non ne sono infastiditi. A mio avviso, se in questo paese vi fosse un uomo saggio ed avveduto alla guida dello Stato, potrebbe governare e far da giudice tanto agli ebrei quanto ai musulmani[98]».

Trovo bellissima la sottolineatura della sollecitudine verso chi parla una lingua diversa dalla propria. Da cristiano vi intravedo il mistero della Pentecoste. E una pace tra le religioni che sarebbe alla portata, se solo «vi fosse un uomo saggio ed avveduto alla guida...». Come non vedere in queste parole un messaggio anche per la Gerusalemme di oggi?

È, allora, con il bagaglio prezioso di questa tradizione che entriamo nell'attualità del dialogo interreligioso che si svolge anche nella Città Santa. Lo facciamo senza essere ingenui. Sappiamo tutti benissimo, infatti, che c'è anche un versante religioso di questo conflitto: pensiamo all'incendio della Tomba di Giuseppe vicino a Nablus nei primi giorni della seconda *intifada*, o alle sassaiole dalla spianata delle Moschee contro gli ebrei in preghiera al Muro Occidentale; ma anche ai tanti giorni in cui ai musulmani maschi sotto i cinquant'anni è vietato accedere a quella stessa spianata o alle tante difficoltà che i cristiani palestinesi stessi incontrano per ottenere i permessi per recarsi al Santo Sepolcro. Certo, non sono mancati anche i gesti politici in favore della pace compiuti insieme da esponenti delle diverse religioni. Il più importante fu la firma - nel gennaio 2002, in uno dei momenti più bui per Gerusalemme - della Dichiarazione di Alessandria. Un testo sottoscritto insieme da leader autorevoli delle comunità ebraiche, cristiane e musulmane della Terra Santa, scandito anche da espressioni molto forti. «Secondo le nostre tradizioni religiose - vi si leggeva - uccidere degli innocenti in nome di Dio è un'offesa al Suo santo nome e una diffamazione della religione nel mondo. La violenza in Terra Santa è un male a cui tutte le persone di buona volontà si devono opporre. Vogliamo vivere insieme come vicini, rispettando l'integrità dell'eredità storica e

---

[98] La lettera di 'Ovadiah è citata nel volume: Enrico Bertoni (a cura di), *Il dialogo interreligioso come fondamento della civiltà*, Marietti 1820, Genova 2009, p.117.

religiosa di ciascuno. Chiediamo a tutti di opporsi all'incitamento all'odio e alla falsa rappresentazione dell'altro».

Dobbiamo riconoscere con onestà, però, che queste parole - a più di otto anni di distanza - rimangono drammaticamente attuali e controcorrente nella Gerusalemme di oggi. Indicano un percorso difficile per gli stessi leader religiosi. È bene ricordare che negli ultimi due viaggi di un Papa nella Città Santa - quello di Giovanni Paolo II nel 2000 e quello di Benedetto XVI nel 2009 - l'incontro che ha visto presenti nella stessa sala rappresentanti del mondo ebraico, cristiano e musulmano è stato entrambe le volte l'occasione per incidenti diplomatici. Ma questo non deve stupirci più di tanto, perché la religione è carne, non vive in un mondo suo ma dentro i problemi e le contraddizioni politiche che attraversano la Gerusalemme di oggi.

Però la fede, dentro di sé, ha anche le potenzialità per andare oltre: rende capaci di guardare alla bellezza della meta, prima ancora che alla fatica necessaria per raggiungerla. Il suo stesso radicalismo può diventare una risorsa: difficilmente un "moderato" getterà il cuore oltre l'ostacolo per andare ad abbracciare il fratello. Il punto è che c'è un profilo specifico nella via interreligiosa alla pace, che potremmo definire come l'audacia dello spirito. Forse è proprio questo ciò che è mancato ai tanti piani, alle tante *road-map*, che abbiamo visto fallire in tutti questi anni. Abbiamo analizzato i costi e i benefici, abbiamo provato a ipotizzare una suddivisione equa dei carichi da portare sulle spalle. Ma non potrà mai funzionare finché non faremo leva su ciò che sta oltre le mappe, le bandiere, le risorse, i quartieri. Nella Città Santa non può esserci una pace che non sia essa stessa santa.

Ecco, allora, le storie. Anche in questo caso il nostro non è un panorama esaustivo; del resto anche in altri capitoli abbiamo già visto affiorare le radici religiose di alcune scelte. Qui però vorrei concentrarmi sulle esperienze che in qualche modo provano ad andare oltre il livello della politica. Non perché questo non sia importante, ma proprio perché troppe volte ci concentriamo solo su quello. E finiamo inesorabilmente per non capire l'enigma Gerusalemme.

Partiamo allora dall'esperienza più strutturata che è certamente l'*Interreligious Coordinating Council in Israel (Icci)*. Non si tratta di un organismo singolo ma di una rete: vi aderiscono infatti 75 realtà di matrice ebraica, cristiana e musulmana[99]. Sono esperienze tra loro anche molto diverse: si

---

[99] L'elenco completo è consultabile sul sito www.icci.org.il.

va da una congregazione religiosa come le Suore di Nostra Signora di Sion al gruppo che fa incontrare arabi ed ebrei sulle colline della Giudea, dal Centro di studi ebraici *Yakar* ad *al Qasemi*, l'unica facoltà di *Sharia* ufficialmente riconosciuta in Israele. Ad accomunare tutti questi organismi sono due convinzioni di fondo: la prima è che il dialogo non può essere solo un approccio personale del singolo, ma deve implicare anche una dimensione comunitaria; la seconda è che la religione in Medio Oriente non è il problema, ma una parte della soluzione.

Fondato nel 1991, l'Icci promuove una serie di iniziative che si rivolgono a tre ordini di destinatari. Innanzi tutto c'è l'attività con i leader religiosi: per loro il coordinamento promuove il programma *Kedem*, una serie di seminari in cui rabbini, sacerdoti e imam si confrontano insieme su temi legati al rapporto tra la pace e le proprie tradizioni religiose. Ma altrettanto importante è anche l'attività portata avanti specificamente dalle donne: nel 2005 hanno raccolto le loro riflessioni in un libro intitolato *Women of the Book* ("Donne del Libro"). Ed è un percorso interessante perché la sensibilità femminile si concentra su temi spesso ignorati da tutti gli altri approcci. Ad esempio: che cosa vuol dire diventare madri e crescere un figlio nel cuore di un conflitto? Infine c'è il progetto *Face to Face/Faith to Faith*, che si rivolge specificamente ai giovani: ogni anno l'Icci ne seleziona dodici israeliani e dodici palestinesi (cristiani e musulmani), tutti residenti a Gerusalemme, e li fa incontrare e lavorare insieme. L'idea è quella di costruire attraverso il confronto una nuova generazione di leader religiosi, più aperti al dialogo.

Insieme a tutto questo il coordinamento è, però, anche il luogo in cui affrontare questioni molto concrete nel rapporto tra le religioni nella Città Santa. Qualche mese fa - ad esempio - ha promosso una giornata di riflessione sul problema (purtroppo in crescita) dei fanatici ebrei ultra-ortodossi che nella Città Vecchia hanno preso l'abitudine di sputare contro i religiosi cristiani, in segno disprezzo. È stata l'occasione per dare voce alla protesta di tanti ebrei che si sentono loro stessi offesi da un comportamento del genere. Ma anche per affrontare direttamente pure altri pregiudizi reciproci che dividono ancora le due religioni.

Sull'Icci, però, - al di là delle singole iniziative - è forse ancora più eloquente la storia del suo direttore, il rabbino Ron Kronish. Perché anche a lui, a un certo punto, è successo di confrontarsi con la distanza tra il sogno che porta avanti e la realtà quotidiana del conflitto. È successo in un bar di Gerusalemme il 7 marzo 2002: Kronish stava pranzando insieme ad altri

tre rabbini americani e alle loro mogli dopo aver partecipato a un semina-
rio su "Il contributo del dialogo interreligioso alla costruzione della pace in
Israele e in Medio Oriente". È stato proprio lì che quel giorno è entrato un
attentatore suicida. Solo la prontezza di riflessi di un cameriere - un ex gra-
duato di un battaglione scelto dell'esercito, che ha placcato e disarmato il
potenziale *shahid* -, ha evitato che lui quel giorno morisse a causa di un atto
violento compiuto da un uomo che sosteneva di agire in nome di Dio.

«Nonostante questa esperienza traumatica - ha scritto recentemente Ron Kronish -, ho cercato di continuare a essere comunque una voce
in favore del dialogo e della coesistenza pacifica qui in Israele. Spesso mi
sono trovato solo, ma vado avanti lo stesso. Quando incontro gruppi che
vengono qui in visita mi chiedono spesso: "Ma Israele avrà mai la pace?".
La mia risposta è sempre: "Sì. È possibile e avverrà durante la mia vita!".
Credo che per contrastare questo senso diffuso di disperazione e di pessi-
mismo, oggi sia fondamentale continuare a riaffermare la nostra convinzione che questo conflitto non è irrisolvibile. Se in altri posti del mondo
come in Sudafrica o in Irlanda del Nord ci stanno riuscendo, perché non
dovrebbe essere possibile anche qui?[100]».

Se l'*Interreligious Coordinating Council in Israel* guarda soprattutto alle
esperienze locali, verso la dimensione internazionale del dialogo interreligioso è proiettato invece l'*Elijah Interfaith Institute*, un'altra realtà che ha
sede a Gerusalemme. In questo caso l'idea centrale è quella delle religioni
come custodi di una sapienza profonda sull'uomo: l'aspetto più interessante è proprio il lavoro di ricerca teologica che questo organismo promuove. Quella proposta dall'*Elijath Interfaith Institute* è l'idea di una Città
Santa che diventa luce per tutte le genti; dove Gerusalemme non è più
un luogo esclusivo, ma il punto di convergenza di una ricerca che si svolge contemporaneamente in tutto il mondo. Non a caso il *board* di questo
organismo comprende leader religiosi di ogni latitudine: oltre a personalità del Medio Oriente vi figurano, ad esempio, il patriarca ecumenico
Bartolomeo I, l'abate primate dell'ordine dei Benedettini Notker Wolf, i
cardinali Jorge Mejia e Telesphore Toppo, il Gran Mufti di Bosnia Mu-
stafà Ceric, diversi imam statunitensi, il rabbino capo di Londra Jonathan
Sacks. E - altro elemento importante - vi sono anche il Dalai Lama, altri

---

[100] Queste parole sono tratte da un post scritto da Ron Kronish il 7 marzo 2010 sul blog
icciblog.wordpress.com.

rappresentanti del buddhismo e religiosi indù, perché l'idea è che la vocazione all'incontro propria di Gerusalemme non possa fermarsi alle tre religioni monoteiste.

L'*Elijath Interfaith Institute* funziona come una vera e propria accademia, che accanto a convegni e incontri promuove veri e propri progetti di ricerca. Basta citare alcune delle tematiche affrontate per cogliere lo spessore di questo lavoro: «La crisi del sacro», «Globalizzare la sapienza: la questione dell'amore e del perdono», «Verso una teologia musulmana ed ebraica contemporanea delle religioni mondiali»[101]. Si producono studi, ma nello stesso tempo si rafforzano i contatti tra istituzioni accademiche promosse dalle diverse religioni in tutto il mondo. L'ambizione è dunque quella di dare vita a una rete che - dentro il dibattito teologico che anima ciascuna delle fedi coinvolte nel progetto - sappia dire una parola significativa sull'incontro. E si capisce allora anche la scelta di intitolare questa realtà alla figura del profeta Elia, la cui sapienza è venerata dagli ebrei e dai cristiani, ma anche dai musulmani.

Il dialogo primariamente come studio, dunque. Ma non vuol dire che quelli dell'*Elijath Interfaith Institute* siano gente che vive tra le nuvole. Lo si è visto molto bene durante il viaggio di Benedetto XVI in Terra Santa: al direttore di questa realtà, il rabbino Alon Goshen-Gottstein, i fotografi di mezzo mondo dovrebbero fare un monumento. Perché dopo la tensione dell'incontro interreligioso svoltosi al Centro *Notre Dame* di Gerusalemme - durante il quale uno *sheikh* musulmano aveva sollevato le immancabili questioni politiche - un incontro analogo era in programma solo due giorni dopo a Nazareth e non si sapeva come sarebbe andata a finire. Così al direttore dell'*Elijath Interfaith Institute* è venuto in mente di comporre una canzone semplicissima, incentrata sulle parole «*Shalom, Salam*, possa la pace di Dio scendere su di te». Alla fine l'hanno cantata tutti - Ratzinger compreso - tenendosi per mano. E l'immagine ha fatto subito il giro del mondo, trasmettendo un messaggio molto forte.

«Gerusalemme - racconta Goshen-Gottstein - porta inscritto dentro di sé il nome della pace. Ma lo sappiamo: questa per noi oggi è una visione, una fonte di ispirazione, più che una realtà concreta sperimentabile sul terreno. Rimane, però, questo lo sguardo sul futuro. Per dirla in termini cristiani, la nostra è una visione della Gerusalemme celeste più che un lavoro dentro la Gerusalemme terrestre». Anche così non mancano comunque

---

[101] Per saperne di più è possibile consultare il sito www.elijah-interfaith.org.

le sorprese; ad esempio il modo in cui uno sguardo esterno come quello di buddhisti e indù aiuta a ritrovare volti della Città Santa che chi è troppo preso dal conflitto non riesce più a scorgere. «L'ho sperimentato accompagnandoli qui diverse volte - continua il rabbino -. Il loro esercizio nella meditazione e nella spiritualità li rende particolarmente sensibili verso la realtà spirituale di Gerusalemme. La colgono subito. E questo interpella anche noi, ci aiuta a prendere di nuovo consapevolezza di questo potenziale racchiuso nel luogo in cui viviamo. E a capire che non si può rinchiuderlo dentro i confini di una sola tradizione religiosa».

Aspettando la Gerusalemme celeste quelli dell'*Elijath Interfaith Institute* sognano anche un luogo fisico che possa cominciare a esprimere tutto questo dentro la città terrena. Lo hanno chiamato *Hope Center* ("Il centro della speranza", ma anche l'acronimo di *House of Prayer and Education,* "Casa della preghiera e della formazione"). Lo sognano come il primo luogo fisico condiviso davvero tra le religioni a Gerusalemme. «Il progetto è nato come risposta a un donatore che si era offerto di finanziare qualcosa che fosse legato alla nostra attività - spiega Goshen-Gottstein -. Ma siamo andati molti passi più in là di quanto lui stesso immaginasse. Così la verità è che per ora non abbiamo le risorse necessarie per realizzare davvero questo centro. Nella logica di Gerusalemme, però, credo che capiremo che i tempi per l'*Hope Center* sono maturi quando un finanziatore farà come il futuro Tempio nella tradizione ebraica: "pioverà" dal Cielo...».

Un'altra presenza molto giovane a Gerusalemme, ma comunque interessante per le strade nuove che sta provando ad aprire è quella di *Three Faiths Forum*, una realtà britannica promossa insieme da ebrei, cristiani e musulmani come spazio di incontro e di confronto reciproco. Nata nel 1997 a Londra, dal 2008 è presente anche in Terra Santa con una sezione locale che vede ovviamente insieme esponenti di tutte e tre le religioni[102]. Due i progetti già lanciati, sempre nel segno delle identità in dialogo: il primo è un gruppo di lavoro che, a partire dai propri testi sacri, si sta confrontando sul tema della bellezza. Con un approccio molto concreto, lo sta declinando anche sul versante del modo in cui ciascuno sceglie di vestirsi. Una strada per parlare di questioni come il velo islamico o le gonne lunghe di *Meà She'rim*, ma in una maniera non superficiale. L'altra pista di lavoro è un progetto intitolato "Curare e soffrire" che coinvolge gli studenti

---

[102] Il sito internet di *Three Faiths Forum* è www.threefaithsforum.org.uk.

di medicina e di discipline infermieristiche dell'*Hadassah Hospital* di Gerusalemme: in questo caso il dialogo, anziché rimanere astratto, si radica in un'esperienza estremamente decisiva per ogni religione come l'attenzione al malato che soffre.

Da Londra - poi - alla fine del 2008, *Three Faiths Forum* ha lanciato anche un'altra idea: quella di far diventare lo stesso pellegrinaggio a Gerusalemme un gesto condiviso tra fedeli di tutte e tre le religioni. Tradurre l'idea in pratica non è stato così facile: «Volevano venire un centinaio di persone e la maggior parte erano musulmani - spiega il rabbino David Hulbert, che ha guidato il gruppo -. È un dato che non sorprende: mentre ebrei e cristiani hanno altre possibilità di recarsi a Gerusalemme, molti islamici non sanno come fare». Alla fine, insieme al rabbino, sono partiti 23 musulmani e 2 cristiani. E tra i partecipanti c'era anche Mohammed Fahim, imam della moschea di South Woodford. È stato un viaggio arricchito da piccole esperienze di grande spiritualità: Hulbert, ad esempio, ha raccontato quanto sia stato toccante per lui vedere i musulmani recarsi quattro volte al giorno alla moschea di al-Aqsa per pregare[103].

Il dialogo interreligioso a Gerusalemme non è fatto, però, solo di sigle e organizzazioni. Contano soprattutto le persone. E ce ne sono almeno altre due che vale assolutamente la pena di citare: l'ebreo Eliyahu McLean e il musulmano uzbeko Abdul Aziz Bukhari. Se si gira in internet li si trova descritti come i co-fondatori dei *Jerusalem Peacemaker*, gli "operatori di pace di Gerusalemme". Ma è un nome che dice poco, perché il loro vero ministero è quello dell'incontro tra le persone.

C'è la loro storia personale dentro: prendiamo Eliyahu, ad esempio; madre ebrea e padre pastore protestante, entrambi figli dei fiori nell'America di inizio anni Settanta. All'Università di Berkeley era un leader del gruppo degli attivisti filo-israeliani; poi un giorno ha provato ad ascoltare davvero la versione dei suoi avversari e così ha cominciato a capire che la realtà non è mai o tutta bianca o tutta nera. Vive in Israele ormai da vent'anni e di strade di pace ne ha percorse di ogni genere. Ma la più audace è quella che, insieme al rabbino di Tekoa Menachem Froman, percorre per andare a incontrare anche i "giovani delle colline", i ragazzi che vivono negli insediamenti. Si presenta per quello che è: un ebreo osservante di oggi, che con

---

[103] Elena Dini, *Se a Gerusalemme il pellegrino è musulmano*, Mondo e Missione, giugno 2009, p.10.

loro ha tante cose in comune. Si fa accettare. E in questo modo li convince ad andarlo a trovare a casa sua dove avranno modo di provare a incontrare anche gli altri amici di Eliyahu, arabi veri e non stereotipati come quelli di cui di solito parlano. Ma c'è anche il cammino opposto: nel 2005, poche settimane prima dello sgombero delle colonie israeliane di Gaza, ha convinto alcuni arabi israeliani a recarsi con lui a Nevé Dekalim, uno degli insediamenti destinati a essere evacuati di lì a poco. Li ha portati in casa di altri coloni, suoi amici, e questi hanno accettato la visita. Nel pieno dello scontro tra le due parti lui ha fatto incontrare delle persone, perché ciascuno potesse capire il dramma dell'altro.

Per la logica della politica uno come Eliyahu probabilmente è un disastro. Ma a lui interessa altro: vuole gettare ponti tra la gente. Un'altra delle sue "imprese" è stato portare duemila persone tra loro diversissime a stringersi in un grande abbraccio attorno alle mura di Gerusalemme. Al di là dell'*happening*, ciò che conta è il sogno che c'è dietro. «Mi piacerebbe vedere un *Har Habayit* (il Monte del Tempio in ebraico *ndr*) dove potessimo venire tutti e pregare e collaborare insieme - ha detto in un'intervista -. Gerusalemme non dovrebbe essere un punto di conflitto, ma di collaborazione. L'idea del *Beit Hamikdash* (il Santo Tempio *ndr*) non dobbiamo costruirla attraverso la forza, ma gettando un ponte di fiducia verso i nostri vicini».

In qualche modo speculare è anche il percorso dello *sheikh* Abdul Aziz Bukhari, scomparso nel giugno 2010 proprio mentre nel mondo infuriavano le polemiche sulla "Freedom Flottilla". Bukhari era custode della tradizione sufi uzbeka attraverso il centro *Naqshabandi*, che dal 1616 la sua famiglia tiene aperto a Gerusalemme sulla *Via Dolorosa*. Luogo di meditazione, di accoglienza dei pellegrini e di preghiera sui tetti della Città Santa. Porta aperta nei confronti di tutti. «Il più forte - spiega riassumendo la sua visione del mondo - è colui che è in grado di assorbire le violenza e la rabbia dell'altro e trasformarla in amore e comprensione. Questo è il vero *jihad...*».

Eliyahu e Abdul Aziz, custodi del volto più umano della Gerusalemme delle religioni. Durante i momenti più duri della seconda *intifada*, loro hanno promosso il gesto più semplice: spesso e volentieri si ritrovavano insieme a pregare e ciascuno portava i propri amici. Per tre anni e mezzo - ogni venerdì nel cuore della Città Vecchia, lontano dai riflettori - c'è stata una preghiera interreligiosa. La loro è la Gerusalemme di chi cerca la pace con il cuore prima ancora che con la mente. Aspettando il giorno in cui questa sarà davvero la "casa di preghiera per tutti i popoli".

Resta ancora una piccola riflessione da aggiungere su questo tema: ma quanto conta la religione a Gerusalemme? Al di là del folklore e dei luoghi comuni, che cosa rappresenta davvero? Su questo tema ho trovato molto bello un piccolo aneddoto che qualche tempo fa padre David Neuhaus, il vicario dei cattolici di espressione ebraica ha affidato al sito della comunità[104]. Credo che le sue siano le parole migliori per concludere questo capitolo.

«Tornavo a casa dall'aeroporto dopo un viaggio all'estero - racconta - e mi sono messo a parlare con il taxista (un ebreo di origine irachena) delle forti piogge degli ultimi giorni.

"Una vera benedizione per la nostra campagna assetata", ho detto.

"Sì, davvero - mi ha risposto -. Una risposta alle nostre preghiere".

"Ma sei religioso? Vedo che non indossi la *kippah*…".

"No, non sono religioso".

"E allora perché hai detto "una risposta alle nostre preghiere"? Hai detto *nostre*…. Vuol dire che preghi?".

"Ascoltami, amico; secondo te ci può essere qualcuno che vive in questo Paese e non prega? Dopo tutto Dio è sempre sulle labbra di ciascuno, religioso o non religioso, arabo o ebreo… La preghiera è la vera risorsa naturale della Terra Santa. Solo grazie alla preghiera, nonostante tutto quanto, questo Paese continua a respirare"».

---

[104] L'indirizzo del sito è www.catholic.co.il. Il Vicariato dei cattolici di espressione ebraica è la comunità di coloro che - attraverso percorsi diversi - sono approdati al cattolicesimo a partire da una radice ebraica.

Conclusione

Al termine di questo percorso resta aperta una domanda. Un interrogativo un po' impertinente, che non possiamo però non porci: se in Israele e nei Territori Palestinesi c'è così tanta gente che lavora a favore della pace, se tutte queste persone oggi non solo si incontrano ma costruiscono anche ponti concreti in grado di mettere tra loro in comunicazione le persone, come mai questo conflitto va avanti lo stesso e sembra destinato a non avere mai fine?

Ci sarebbe una risposta edificante: quella sui semi che è importante gettare oggi, ma che potranno dare frutti solo domani. È la massima che conosce molto bene ogni educatore, perché costruire richiede sempre pazienza. E certamente è vero anche per la pace in Terra Santa. Però oggi non possiamo più accontentarci di questo scenario rassicurante: perché sono anni che lo diciamo, eppure i germogli non vengono; anzi, a volte abbiamo visto addirittura soffocare sotto i nostri occhi piantine in cui avevamo riposto tanta fiducia. Ci sembra che tutto vada sempre peggio. E allora dobbiamo tornare a fare i conti con quel disagio di cui parlavamo all'inizio. È proprio il desiderio di una riconciliazione vera in Terra Santa a supplicarci di lasciarci inquietare un po' di più da questa domanda: perché - nonostante i costruttori di ponti - la pace non arriva?

Neanch'io, ovviamente, ho una risposta convincente a un interrogativo del genere. Provo, però, a proporre lo stesso tre idee che forse possono aiutarci a ricercarla insieme.

La prima è che non tutto ciò che in Medio Oriente si richiama alla pace può essere messo sullo stesso piano. Non sto parlando solo dei politici che usano questa parola con troppa disinvoltura (persino una provocazione gigantesca come un nuovo insediamento nel cuore di Hebron i coloni l'avevano chiamato *Beit Shalom*, la "casa della pace"...). In realtà il problema è molto più radicale e chiama in causa direttamente anche il mondo pacifista e le nostre ong. Perché - rispetto alla Terra Santa di oggi - ci sono tante iniziative realmente profetiche, ma ce ne sono tante altre che invece sono solo un ricettacolo di emozioni facili. Per non parlare di quelle che utilizzano il dramma del conflitto solo per dare un tocco di internazionalismo alla propria immagine. Mi rendo conto di essere un po' drastico, ma vedo crescere in maniera preoccupante la spettacolarizzazione di un tema importante come quello della pace. Vedo in giro a Gerusalemme troppi assessori, troppi organizzatori di eventi, troppe agenzie di pubbliche relazioni. Gente che passa di lì una settimana, monta il suo carrozzone ben ripreso dalle telecamere e poi se ne va, pensando di avere dato un contributo decisivo per "costruire una cultura di pace".

La quintessenza di questo atteggiamento sono le *partite del cuore*. Devo confessare di aver ricevuto più di una telefonata del tipo: «Lei che è così sensibile al tema della Terra Santa, non potrebbe aiutarci a far sapere che al nostro torneo di calcio partecipano anche una squadra di ragazzi israeliani e una palestinese?». A che cosa serve un gesto del genere? Si prendono un gruppo di ragazzi di Tel Aviv e un altro di Ramallah, li si porta per una settimana a centinaia di chilometri dal loro contesto quotidiano e - guarda un po' - scoprono di essere ragazzi tra loro non poi così diversi e fanno amicizia. «Ecco lo sport che unisce oltre ogni barriera». Già. Peccato che duri una settimana. Dopo quei ragazzi ritornano a casa e non si incontreranno più. Fino a quando uno dei due sarà militare a un *check-point* e l'altro in coda senza sapere se quel giorno potrà passare quel posto di blocco oppure no. Qualcuno pensa davvero che, in una situazione del genere, quella settimana trascorsa anni prima in Italia a giocare a calcio risulterà decisiva?

Non ce l'ho con gli sportivi. È l'atteggiamento che c'è dietro che mi dà fastidio; la presunzione di aver "fatto qualcosa". Del resto è un discorso che vale identico per tanti altri ambiti. Prendiamo la musica: l'orchestra di Daniel Barenboim, in cui suonano insieme giovani strumentisti israeliani e palestinesi, è un grande segno di pace per il lavoro quotidiano che c'è dietro e per la grande libertà con cui il suo direttore parla anche delle questioni più spinose legate al conflitto. Ma lo stesso si può davvero dire per tutti i "concerti della pace" organizzati in questi anni sulla Terra Santa? Si può cedere alla cultura dell'evento-spettacolo persino in un ambito molto serio come il dialogo interreligioso. Succede quando ci si preoccupa più dell'immagine che dei contenuti, quando non si va oltre la retorica dei buoni sentimenti. La grandezza degli incontri promossi da Giovanni Paolo II ad Assisi stava proprio qui: oltre la cartolina pittoresca, c'erano parole impegnative e la potenza di gesti come il digiuno e la preghiera. Se non costa nulla non può essere un dialogo vero. Quotidianità, fatica, accettazione della complessità del conflitto: sono questi i metri intorno ai quali le diverse esperienze vanno assolutamente messe a confronto.

Ecco allora il punto: ci vuole più discernimento intorno al tema della pace. Bisogna individuare le esperienze in cui le persone si mettono davvero in gioco e puntare su quelle. Soprattutto occorre evitare che "la pace in Terra Santa" diventi un logo che si può appiccicare sopra qualsiasi cosa. Dobbiamo farlo noi per primi, ma dobbiamo anche esigerlo da chi ci sta intorno. Perché se sommassimo anche solo tutte le cifre che le amministrazioni locali in Italia stanziano ogni anno per iniziative legate alla pace in Medio Oriente verrebbe fuori un numero con tanti zeri. Provate a pensare che cosa succederebbe se questi soldi - invece di andare all'artista in cerca di pubblicità o alla manifestazione ad uso e consumo delle telecamere - fossero destinati a iniziative come quelle di cui abbiamo parlato in questo libro. Avremmo molti meno articoli di giornale che ci raccontano quanto sarebbe bella la riconciliazione a Gerusalemme, ma probabilmente là ci sarebbero più persone che dal basso, senza grande clamore, lavorano per costruire questo grande obiettivo.

Se abbiamo a cuore la pace in Terra Santa dobbiamo pretendere questa forma particolare di sobrietà. Altrimenti causiamo un ulteriore danno; perché anche la banalità è un nemico potente della pace in Medio Oriente. Insinua l'illusione che sarebbe tutto facile, come una partita di calcio o un prete, un rabbino e un imam che si prendono per mano. Dobbiamo avere il coraggio di dire che non è così, che l'amicizia tra i popoli richiede prezzi che ciascuno deve essere disposto a pagare.

Arriviamo così a un secondo punto, legato ai luoghi comuni in circolazione su questo conflitto. Ce n'è un altro che va assolutamente sfatato: quello secondo cui «basterebbe un po' di buona volontà da entrambe le parti» per arrivare alla pace tra israeliani e palestinesi. Proprio le storie che abbiamo raccontato dicono che se c'è una cosa che non manca in Terra Santa sono proprio le donne e gli uomini di buona volontà. Non c'è una strada, una dimensione della vita, un ambito sociale che non sia stato toccato da qualche "costruttore di ponti". Non finisco mai di stupirmi davanti alla straordinaria creatività messa in campo dagli operatori di pace in Israele come in Palestina.

La buona volontà c'è ed è molto più diffusa di quanto possa sembrare: dobbiamo smetterla di dipingere questi popoli per stereotipi. La maggior parte della gente - in Israele come in Palestina - vuole sinceramente la pace. Il problema è che da solo questo desiderio non basta, perché ci troviamo di fronte a un conflitto complesso. Qualche mese fa l'*Economist* - con un titolo molto efficace - l'ha definito la «nuova guerra dei cent'anni». Dove la durata non è fatta solo di tempo, ma anche di ferite e di contraddizioni rimaste tragicamente aperte, sul terreno come nella carne delle persone. L'unica strada per risolvere un groviglio del genere è scandita da scelte che saranno dolorose per entrambi. Può bastare la buona volontà per affrontarle?

Io credo di no. Ed è il motivo per cui non sono affatto convinto che la pace in Medio Oriente dipenda solo da israeliani e palestinesi. Siamo onesti: chi di noi, nei loro panni, rinuncerebbe volentieri a territori conquistati militarmente o al diritto dei nipoti dei profughi del 1948 a tornare nei villaggi dove vivevano i loro nonni? È troppo comodo attribuire l'insuccesso dei negoziati di pace alla *loro* mancanza di buona volontà. Il vero problema a me sembra piuttosto un altro: la carenza di mediatori veri, dotati di quella libertà necessaria per provare a suddividere in maniera equa i pesi delle macerie che il cammino verso la pace chiede di caricarsi sulle spalle. Su questo aspetto, invece, quanti danni provocano i semplificatori, quelli che affrontano questo conflitto con lo stesso sguardo con cui si va allo stadio, quelli per cui - qualsiasi cosa succeda - noi abbiamo ragione e loro hanno torto. Ci si divide sempre in filo-israeliani o filo-palestinesi; senza capire che è il modo migliore per perpetuare questa tragedia.

Si dice spesso che quando ci sarà la pace a Gerusalemme avremo la pace in tutto il mondo. È una frase importante, che ha una sua verità: ci dice come questa terra contesa, dove la storia ha posto popoli e religioni fianco a fianco, sia un microcosmo dell'intero pianeta. Ma è una frase che va capita bene: non significa che quando *loro* avranno fatto la pace, allora potremo stare in pace tutti. A me piace leggerla in modo esattamente contrario: solo quando *ciascuno di noi*, nel contesto in cui vive, sarà capace di promuovere relazioni davvero fraterne con chi è diverso da noi, allora la pace sarà possibile anche a Gerusalemme.

Quel giorno - e siamo alla terza e ultima idea - non è però dietro l'angolo: dobbiamo riconoscerlo con sincerità; è anche questo un contributo alla causa della pace. Diffidate di tutti quelli che propongono calendari per la riconciliazione: «nel giro di due anni arriveremo alla definizione dei due Stati», «il conflitto verrà risolto entro la fine del mio mandato»... Non ho mai sentito uno dei nostri "costruttori di ponti" azzardare una data. Forse dovremmo ritrovare il senso vero della frase che gli ebrei hanno pronunciato per secoli nella diaspora (e dicono tuttora) alla fine dell'*Haggadah*, il racconto della notte di *Pesach*: anche la pace sarà «l'anno prossimo a

Gerusalemme». Dove questa vicinanza temporale è l'espressione di un desiderio ardente, non un proclama baldanzoso. Ed è per questo che un ebreo lo poteva ripetere con la stessa carica di speranza ogni anno anche dopo aver visto che nei dodici mesi precedenti il ritorno alla Terra della promessa non si era neppure avvicinato.

Vorremmo tutti vedere presto una Terra Santa riconciliata, però tanti segnali ci dicono che ci vorrà ancora molto tempo. Ma è proprio per questo che i "ponti" sono così preziosi: non sono la soluzione definitiva del conflitto; eppure aiutano a tenere accesa lo stesso la fiamma della speranza. Assolvono il compito più importante per i costruttori di pace in quest'ora della storia. Perché le esperienze che abbiamo raccontato aprono degli squarci su come potrebbe essere un altro Medio Oriente. E lo fanno non in maniera generica ed evanescente, ma offrendo quella concretezza straordinaria che riempie la quotidianità della vita delle persone.

Essere i custodi della speranza nel tempo della disillusione: è questo il profilo richiesto oggi a tutti coloro che portano nel cuore Gerusalemme. Nel suo recente viaggio in Israele, Palestina e Giordania, Benedetto XVI ha indicato per questa sfida un modello interessante. Lo ha fatto all'inizio del suo itinerario, dalla cima del Monte Nebo: sull'altura da cui lo sguardo abbraccia tutta la Terra Santa, non ha evitato di ricordare la frustrazione che assale quanti ogni giorno si trovano faccia a faccia con le ferite di questa terra. Ma ha offerto anche un'indicazione di percorso su come andare oltre questo sentimento: dobbiamo comportarci tutti come Mosè - ha detto - che pur sapendo di non essere destinato a entrare nella Terra della promessa, da questo monte è stato capace di guardare lontano.

Come la grande guida del popolo di Israele, può darsi che neppure noi siamo destinati a vedere compiersi nell'arco della nostra vita il sogno della Gerusalemme che vorremmo. Ma questo non ci autorizza a lasciar spegnere il nostro sguardo in orizzonti piccoli e poveri di futuro. Non può farci rassegnare alla logica del muro vero, quello ancora più devastante dei blocchi di cemento: l'idea che ormai sia impossibile l'incontro tra questi due popoli. Noi sappiamo che la Terra Santa ha bisogno di ponti e sappiamo anche che c'è qualcuno, in Israele come in Palestina, che li sta costruendo. E anche se non conosciamo con esattezza chi e quando, siamo sicuri che un giorno ci sarà qualcuno che questi ponti li percorrerà.

L'anno prossimo a Gerusalemme.

Ringraziamenti

Un grande grazie per questo libro lo devo a tanti anonimi webmaster che con pazienza tengono aggiornati i siti delle loro associazioni in Israele e in Palestina. Non ho la fortuna di poter trascorrere lunghi periodi in Terra Santa. Eppure oggi, grazie al lavoro nascosto di queste persone, è possibile respirare anche da lontano il clima di Gerusalemme. Basta non accontentarsi delle quattro notizie sempre uguali che riportano i nostri quotidiani.

Un altro ringraziamento va alle *Edizioni Terra Santa* che mi hanno incoraggiato a ritornare al punto di partenza del mio lavoro su questo angolo del mondo: lo sguardo, appunto, sugli israeliani e i palestinesi capaci di spingersi «oltre il muro» per provare a incontrarsi. È stata un'occasione stimolante per seguire questi testimoni di pace oltre le cartoline più facili della Terra Santa.

A Giovanna e Marta, che anche questa volta mi hanno accompagnato con pazienza in questo lavoro, il grazie di sempre.

Indice

La città di Sichar è citata una sola volta nella Bibbia, nel vangelo di Giovanni (4,5). È il luogo dell'incontro tra Gesù e la donna samaritana. Un incontro destinato a superare le barriere del sospetto e del pregiudizio, qualunque ne sia l'origine.
Il logo della collana riprende l'immagine stilizzata di Sichar come appare nella carta musiva (VI sec.) della Terra Santa che si trova a Madaba, in Giordania.

I volumi della collana

1. Marcello Badalamenti, *Pellegrini di pace. Francesco d'Assisi e Giorgio La Pira in Terra Santa*, 2009.
2. Gwenolé Jeusset, *Itinerari spirituali in terre d'Islam*, 2010.
3. Giorgio Bernardelli, *Ponti non muri. Cantieri di incontro tra israeliani e palestinesi*, 2010.